AF670138

Eva Maria Ashby

Todeskriterium und Organspenderegelung

Studien und Materialien zur praktischen Philosophie
Studies and Materials on Practical Philosophy

Band 5

Herausgegeben von
Professor Dr. mult. Nikolaus Knoepffler
und Dipl.-Jur. Sebastian C. Dewaldt

Todeskriterium und Organspenderegelung

von

Eva Maria Ashby

SOCIETAS 2015

Bibliographische Information der Deutschen Nationalbibliothek

Die Deutsche Nationalbibliothek verzeichnet diese Publikation in der deutschen Nationalbibliographie; detaillierte bibliographische Daten sind im Internet über <http://dnb.ddb.de> abrufbar.

Alle Rechte vorbehalten
Societas Verlagsgesellschaft
UG (haftungsbeschränkt) & Co. KG
Jena / Bad Frankenhausen, 2015

ISBN 978-3-944420-36-3

www.societas-verlag.de

Vorwort

Mit dieser ethisch deskriptiven Arbeit möchte ich einen Einblick zur Einstellung der Allgemeinbevölkerung Jenas, Anästhesisten und Intensivmedizinern des UKJ, Medizinstudenten der FSU und Allgemeinärzte Jenas zum Thema Todeskriterium und Organspendergelung darstellen. Hierbei wurden die Angaben der Befragten statistisch evaluiert. Zusammenfassend wird erkenntlich, dass weiterhin ein großer Aufklärungsbedarf im Bereich der Organspende herrscht und dass überraschenderweise viele Befragte eine Widerspruchsregelung in Deutschland befürworten.

Vorab möchte ich mich gerne bei meinem Doktorvater Herrn Professor Dr. mult. *Nikolaus Knoepffler* (Leiter des Ethinkzentrums, FSU Jena) für die Überlassung des interessanten Themas und die dafür benötigte Unterstützung bei der Bearbeitung bedanken. Zudem gilt Herrn apl. Prof. Dr. med. *Winfried Meißner* (Chefarzt, Leiter Fachbereich Schmerztherapie/Leitung, Klinik für Anästhesiologie und Intensivmedizin, UKJ) für die Hilfe bei Erstellung der Umfrage, Herrn Dr. rer. nat. *Mario Walther* (Institut für medizinische Statistik, Informatik und Dokumentation, FSU) für die Unterstützung bei der statistischen Auswertung sowie allen Teilnehmern der Befragung großer Dank.

Abschließend möchte ich mich ganz besonders und herzlich bei meiner Familie für ihre wundervolle Unterstützung bedanken. Hervorzuheben ist mein Vater *Rainer Seitz* für die stetige Unterstützung im Studium und ebenfalls mein Ehemann *Christopher Ashby* für seine Unterstützung während und nach dem Humanmedizinstudium sowie in allen Lebenssituationen.

Jena, im Juli 2015 *Eva Maria Ashby*

Inhaltsübersicht

Inhaltsverzeichnis

Abkürzungsverzeichnis

α	Signifikanzniveau
bzgl.	bezüglich
bzw.	beziehungsweise
d.h.	das heißt
DSO	Deutsche Stiftung Organtransplantation
FSU	Friedrich-Schiller-Universität Jena
n	Anzahl von Teilnehmern
PVS	persistent vegetative state
S.	Seite
SPSS	IBM SPSS Statistics (Statistikprogram)
u.a.	unter anderem
UKJ	Universitätsklinikum Jena
URZ	Universitätsrechenzentrum
v.a.	vor allem
vgl.	vergleiche
z.B.	zum Beispiel

1 Zusammenfassung

In Anlehnung an die Studie von Siminoff et al. von 2004, wird die Moral der Befragten zum Thema Todeskriterium und Organspenderegelung dargestellt. Mit einem standardisierten Fragebogen werden insgesamt vier Gruppen in Jena (Thüringen) befragt. Diese Gruppen bestehen aus einer repräsentativen Gruppe der Allgemeinbevölkerung, Ärztinnen und Ärzten der Klinik für Anästhesie und Intensivmedizin, Humanmedizinstudentinnen und -studenten und Allgemeinärztinnen und -ärzten. Insgesamt nehmen 387 Personen an der Studie teil. Anhand einer Reihe von Einzelfragen und drei beschrieben Szenarien wird untersucht, ob die Befragten mit der medizinischen Definition des Hirntodes übereinstimmen (*„understanding of brain death“*) und wie deren persönliche Todeskriteriendefinition (*„personal definition of death“*) lautet. In den drei Szenarien wird ein hirntoter, ein komatöser Patienten und ein Patienten im *persistent vegatative state* (PVS) beschrieben. Anhand der Angaben der Befragten, ob der Patient in den unterschiedlichen Szenarien tot oder lebendig ist, kann eine Aussage getroffen werden, ob die Befragten medizinisch korrekte, bzw. nicht medizinisch richtige aber logische oder medizinisch inkorrekte und nicht logische Aussagen zu den Todeskriterien treffen. Anschließend wird die Organspendebereitschaft erfragt. Hierbei werden mehrere Unterpunkte mit unterschiedlichen Konstellationen bzgl. Organspendeausweis, Einwilligung, Erreichbarkeit der Angehörigen und Überleben eines anderen Patienten dargestellt. Daraus ergibt sich die Möglichkeit die Fragestellung zur *„apparent willigness to violate the dead donor rule“* zu untersuchen. Außerdem wird die Einstellung zur Widerspruchsregelung überprüft. Die Mehrheit aller Befragten geben korrekte Todeskriterien an. Bei den Hirntodkriterien markieren geringfügig mehr als ein Drittel von der Gruppe der Allgemeinbevölkerung und Anästhesisten sowie über die Hälfte der Medizinstudenten und Allgemeinärzte einen Menschen, bei dessen Ableitung der Hirnströme keine Gehirnfunktion für mindestens 30 Minuten darstellbar ist, als hirntot. Einen Menschen, welcher eine unwiderruflich erloschene Gesamtfunktion des Großhirns, des Kleinhirns und des Hirnstamms aufweist, kennzeichnen über Dreiviertel der Befragten als hirntot. Medizinisch korrekte Angaben zu den Todeskriterien machen fast ein Viertel der Befragten der Allgemeinbevölkerung, beinahe die Hälfte der Anästhesisten, knapp über ein Achtel der Medizinstudenten und über ein Drittel der Allgemeinärzte. Korrekte medizinische und logische Hirntodkriterien werden von weniger als 10% der Allgemeinbevölkerung und Medizinstudenten, knapp über ein Achtel der Allgemeinärzten und fast ein Viertel Anästhesisten markiert. Über die Hälfte aller Teilnehmer beschreiben den hirntoten Patienten als tot. Nur ein geringer Teil der Befragten gibt an, dass der komatöse und der Patient im PVS tot ist. Die Mehrheit der Teilnehmer markieren bei den Spendebedingungen korrekte Punkte, lassen sich nicht in die Irre führen und respektieren die Entscheidung eines Spenders. Obwohl der Großteil die *Dead Donor Rule*, welche besagt, dass Organe erst von einem Menschen entnommen werden können, wenn dieser zuvor für tot erklärt wurde[1], nicht verletzt hat, haben doch bis zu 22% diese missachtet. Insgesamt haben sich nur wenige Befragte im Vorfeld mit dem Thema Organtransplantation befasst. Es wurde im Vorfeld kein *margin of error*, welcher die Fehlerspanne bei einer statistischen Umfrage darstellt, festgelegt, da es sich um eine ethische, deskriptive und nicht statistisch geplante Studie handelt. Bei einem realen Fall stehen Mediziner und Beauftragte der Deutschen Stiftung Organtransplantation (DSO) zur Beratung bereit. Es stellt sich auch die Frage, ob den Teilnehmern bewusst ist, dass sie die *Dead Donor Rule* verletzt hätten. Jedoch kann eine Tendenz zur Verletzung der *Dead Donor Rule* und ein signifikanter Zusammenhang von einer Angabe von nicht logischen Todeskriterien und einer Organentnahme bei als lebend bezeichneten Patienten festgestellt werden.

Geht man vom ethischen Aspekt der Menschenwürde aus, besitzen Tote keine Menschenwürde mehr[2]. Hat ein toter Mensch zu Lebzeiten keine Angaben bzgl. einer Einwilligung oder Ablehnung zur Organspende gemacht, so sollte man diesem Solidarität zu seinen lebenden Mit-

[1]Vgl. *Siminoff et al.*, 2325 [2327].

[2]Vgl. *Knoepffler* Angewandte Ethik, S. 69 ff.

menschen unterstellen[3]. In diesem Sinne sollten die Organe zur Spende an die Mitmenschen freigegeben werden, was der Widerspruchsregelung entspricht. Voraussetzung ist die Annahme, dass ein hirntoter Mensch tot ist[4]. Eine Einführung der Widerspruchsregelung wäre in diesem Falle in Deutschland sinnvoll. Insgesamt finden mehr als 63% aller Befragten die Widerspruchsregelung für gut und akzeptieren diese somit.

Weiterhin besteht ein vermehrter Aufklärungs- und Informationsbedarf in der Allgemeinbevölkerung und im medizinischen Bereich zum Thema Organspende, um der Bevölkerung die Angst vor der Ungewissheit und vor „Machenschaften“ mit ihren Organen zu nehmen und schließlich mehr mögliche Spender zu mobilisieren und langfristig Leben zu retten.

[3]Vgl. *Knoepffler,* Organtransplantationen, S. 71; *Knoepffler*, Ethische Fragen bei Organtransplantationen, S. 18.

[4]Vgl. *Knoepffler,* Angewandte Ethik, S. 90.

2 Einleitung

Statistisch gesehen sterben jeden Tag drei Menschen, die vergeblich auf ein lebensrettendes Organ warten[5]. Laut der vorläufigen Zahlen der DSO sank die Zahl der Organspender für das Jahr 2013 auf 876. Dies sind 16% weniger Organspender als 2012[6], wobei sich die Zahl 2012 auf 1.046 belief[7]. Rückblickend stieg bis 2010 die Anzahl der Organspender, allerdings sanken selbige ab 2011. Auch die Summe der postmortalen Organspenden lag 2011 noch bei 3.917, jedoch reduzierte sich die Menge 2012 auf 3.511 und 2013 auf 3.035. 2011 wurden 4.054 Organe transplantiert, 2012 waren es nur noch 3.706 und 2013 lag die Zahl bei 3.248 transplantierten Organe[8]. Vermutlich gibt es multiple Gründe für einen Rückgang der Zahlen. Die Rezession kann mit einer Angst bzw. Ablehnung, sich mit dem Thema Tod zu beschäftigen, begründet werden. Des Weiteren kann es an einem mangelnden Vertrauen in die Ärzte und in das gewinnorientierte Gesundheitswesen liegen. Unwissenheit und mangelhafte Aufklärung im Prozess der Organspende und Hirntoddiagnostik tragen einen großen Beitrag zum Rückgang der Zahlen bei. Zudem wurde die Thematik Organtransplantation durch die Organspende-Skandale in den vergangen Jahren eher negativ dargestellt. Auch religiöse Aspekte können eine Rolle spielen eine Spende zu verweigern. Mit Sicherheit vergessen auch manche potentielle Organspender, sich einen Organspendeausweis zuzulegen.

Jedoch ist verständlich, dass Laien Angst und Zweifel an der Hirntoddiagnostik haben. Primär besteht die Furcht bei einer Organentnahme noch zu leben. Durch Beschäftigung mit dem Prozess der Hirn-

[5] Vgl. *Weber*, Transplantationen, Spiegel Online 2014; *Simon*, Organspendeausweis.

[6] Vgl. *Weber*, Transplantationen, Spiegel Online 2014.

[7] Vgl. DSO, Jahresbericht 2014.

[8] Vgl. DSO, Jahresbericht 2014.

toddiagnostik könnte sich dies legen. Der Hirntod ist ein „Zustand der irreversibel erloschenen Gesamtfunktion von Großhirn, Kleinhirn und Hirnstamm“[9]. Bei Verdacht auf Hirntod wird dieser „durch zwei vom Transplantationsteam unabhängigen Neurologen oder autorisierten Ärzten“[10], welche nicht von einer Organspende profitieren[11], diagnostiziert. Die klinischen Voraussetzungen für die Diagnose des zerebralen Todes sind „Koma, Lichtstarre beider Pupilllen (wenigstens mittelweit, meist maximal weit), Fehlen des Kornealreflexes, Fehlen von Reaktionen auf Schmerzreize im Versorgungsgebiet des N. trigeminus, Fehlen des Pharyngeal- und Trachealreflexes, Fehlen des okulocephalen Reflexes und Ausfall der Spontanatmung“[12]. „Diese Kriterien müssen länger als 12 Stunden zur Diagnose des Hirntodes bestehen. Nicht zulässig ist diese klinische Diagnose bei Intoxikation, neuromuskulärer Blockade, Unterkühlung, Kreislaufschock, metabolischem oder endokrinem Koma und Behandlung mit sedierenden Medikamenten (z.B. Barbituraten). Besondere Beobachtungsdauern liegen bei sekundärer Hirnschädigung und Kindern vor. Zudem werden technische Zusatzuntersuchungen herangezogen. Ein EEG wird dann durchgeführt, wenn nach der ersten Feststellung die oben genannten Kriterien vorliegen. Hierbei sollte zur Bestätigung der Diagnose ein mindestens 30 Minuten langes artefaktfreies EEG nach den Richtlinien der Deutschen EEG – Gesellschaft abgeleitet werden. Andere Methoden sind die Durchführung einer transkraniellen Dopplersonographie oder SPECT-Untersuchung und Hirndruckmessung zum Nachweis eines fehlenden zerebralen Perfusionsdrucks“[13]. Bei kleineren Krankenhäusern werden mobile Spezialisten gesandt[14]. Insgesamt werden der Ablauf und die Ergebnisse der Untersuchungen von der DSO kontrolliert und evaluiert. Bei unklarer Diagnose oder Zweifel am Hirntod des Patienten wird der Prozess der Organspende sofort abgebrochen. Ein solcher Stopp kann auch von der DSO oder in Konferenz mit den beteiligten Parteien erfolgen.

Wenn ein Hirntod vorliegt und es zu einer Organspende durch Einwilligung des Spenders in der Vergangenheit oder bei Fehlen einer direkten Einwilligung durch den Spender zu einer Einwilligung durch die Angehörigen kommt, erfolgt die Vergabe der Organe zentral durch die in-

---

[9] *Larsen*, S. 955.
[10] *Herold*, S. 225.
[11] Vgl. *Herold*, S. 645.
[12] *Larsen*, S. 957.
[13] *Poeck*, S. 153 ff.
[14] Vgl. *Le Ker*, Offener Brief an Bundesärztekammer, Spiegel Online 2014.

ternationale Vermittlungsstelle Eurotransplant in den Niederlanden[15]. Die DSO als Koordinierungsstelle in Deutschland ist immer zu erreichen. Sie berät das Krankenhauspersonal während der gesamten Organspende[16] und organisiert bei einer möglichen Organentnahme „spezialisierte Chirurgenteams und den Organtransport in das Transplantationszentrum“[17]. Eurotransplant wurde 1967 von Prof. Dr. Jon J. van Rood[18] gegründet und vermittelt mittlerweile gespendete Organe nach Belgien, Deutschland, Kroatien, Luxemburg, Niederlande, Österreich und Slowenien. Derzeit befinden sich auf der von Eurotransplant geführten Warteliste rund 15.000 Menschen, wobei die Information über die auf eine Spende wartenden Menschen von den 78 Transplantationszentren und die Informationen über die Organe von der DSO kommen[19]. Anhand von Wartelisten wird versucht sich so gerecht und nachvollziehbar wie möglich zu verhalten[20].

> „Die vier allgemeinen Prinzipien für die Zuteilung von Organen sind zum einem der erwartete Erfolg nach der Transplantation, die durch Experten festgelegte Dringlichkeit, die Wartezeit und schließlich die nationale Organaustaschbilanz“[21].

> „Die Mitarbeiter in der Zentrale von Eurotransplant bieten das Spendeorgan dem Transplantationszentrum des am höchsten gelisteten Patienten auf der Warteliste an. Zur vorsorglichen Sicherheit erhält auch das Transplantationszentrum des zweitgelisteten Patienten ein unverbindliches Angebot. Nach der Annahme des Organs durch den behandelnden Arzt werden die Entnahme und der Transport des Organs organisiert. Jährlich wird Eurotransplant durch unabhängige Organisationen geprüft“[22].

---

[15] Vgl. *Herold*, S. 646.
[16] Vgl. *Herold*, S. 646.
[17] *Herold*, S. 646.
[18] Vgl. Eurotransplant, History.
[19] Vgl. dapd, Organspende, Spiegel Online 2014; vgl. Eurotransplant, Über Eurotransplant.
[20] Vgl. Eurotransplant, Über Eurotransplant.
[21] Eurotransplant, Über Eurotransplant.
[22] Eurotransplant, Über Eurotransplant.

Abschließend stellt sich unumgänglich die Frage, wie man mehr Menschen zu einer Organspende bewegen könnte. Eine Möglichkeit wäre, die Bürger bei Vergabe des Führerscheins zur Spendebereitschaft zu befragen, wie dies zum Beispiel in den Vereinigten Staaten von Amerika üblich ist. Bedenklich ist jedoch, dass ein Führerschein in Deutschland aufgrund der guten öffentlichen Verkehrsmittel nicht so essentiell wie zum Beispiel in den Vereinigten Staaten von Amerika ist. Alternativ könnte man eine Stellungnahme zur Organspende bei Anmeldung der Krankenversicherung bzw. Ausstellung der Krankenkassenkarte in Erfahrung bringen. Eine weitere Möglichkeit wäre, bei der Ausstellung des Personalausweise die Spendebereitschaft in Erfahrung zu bringen. Ab 16 Jahren dürfen Jugendliche einen eigenen Spendeausweis erhalten[23]. Es sollte bei Befragung dringlich darauf hingewiesen werden, dass kein Nachteil bei Ablehnung einer Organspende entsteht. Vermutlich könnte es helfen, die bereits vorhandene Informationsstelle der DSO[24] mehr publik zu machen und wiederholt in der Öffentlichkeit Präsenz zu zeigen, z.B. durch gezielte Werbespots im Fernsehen, Rundfunk und Internet.

Auch die Einführung der Widerspruchsregelung, welche besagt, dass jede Person von Geburt an als Organspender gilt, solange einer Spende im Vorfeld nicht ausdrücklich widersprochen wurde, wie dies zum Beispiel in Belgien üblich ist[25], könnte die Anzahl an Organspendern und somit überlebender Patienten deutlich steigern. In Belgien gibt es etwa doppelt so viele Organspender wie in Deutschland[26]. Doch auch dies stellt sich fraglich in der Umsetzung dar, da die Selbstbestimmung in Deutschland als höherrangiges Persönlichkeitsrecht eine hohe Bedeutung hat und auch aus grundsätzlichen Erwägungen sehr wichtig ist.

[23] Vgl. *Simon,* Organspendeausweis.
[24] Vgl. DSO, Jahresbericht 2014.
[25] Vgl. *Simon,* Organspendeausweis.
[26] Vgl. *Simon,* Organspendeausweis.

3 Ziele der Arbeit

Das Ziel der Arbeit ist es, über den Wissensstand von vier verschieden Gruppen in Jena (Thüringen) zum Thema Todeskriterium und Organspenderegelung einzuholen sowie einen Eindruck über die Einstellung der Gruppen zur Organspendebereitschaft und Widerspruchsregelung zu erhalten. Um die einzelnen Gruppen miteinander vergleichen zu können, werden diese mit Hilfe eines standardisierten Fragebogens befragt und die Ergebnisse der Gruppen miteinander verglichen.

Die erste Gruppe wird aus einem repräsentativen Teil der Allgemeinbevölkerung Jenas gebildet.

Ärztinnen und Ärzten der Anästhesiologie und Intensivmedizin am Universitätsklinikum Jena (UKJ) stellen die zweite Befragtengruppe dar.

Humanmedizinstudentinnen und Humanmedizinstudenten im 6. Fachsemester der Friedrich-Schiller-Universität Jena (FSU) bilden eine weitere, dritte Gruppe von Befragten.

Die vierte und letzte Gruppe setzt sich aus Allgemeinärzten und Allgemeinärztinnen in Jena zusammen.

Es handelt sich um eine deskriptive Studie, wobei besonderes Augenmerk auf die ethische Betrachtung der Fragestellung gelegt werden soll.

Mit dem Fragebogen werden die folgenden Fragestellungen überprüft. Es wird vermutet, dass der Großteil der Befragten mit der erfragten persönlichen Definition von Tod (*„personal definitions of death“*) mit den medizinischen bzw. logischen Todeskriterien übereinstimmt. Jedoch werden einige Befragte den Todeskriterien nicht zustimmen. Hierzu wird die persönliche Definition von Tod als erste Frage des Fragebogens gestellt. Zusätzlich wird anhand der Frage, wann ein Patient tot oder lebendig in den unterschiedlichen Szenarien ist, medizinisch korrekte sowie medizinisch inkorrekte und logische als auch medizinisch inkorrekte und nicht logische Todeskriteriendefinitionen dargestellt.

Zudem geht man davon aus, dass die meisten Menschen zwar vom Terminus „Hirntod“ gehört haben, ihnen aber nicht bekannt ist, was dies genau bedeutet (*„understanding of brain death“*). Um herauszufinden, ob die Befragten die medizinischen Kriterien des Hirntodes kennen, werden ihnen in einer Frage des Fragebogens verschiedene Vorschläge für die Definition des Hirntodes vorgelegt. Zudem wird anhand der Hirntodeskriterienfrage und den Szenarien untersucht, ob medizinisch korrekte und logische, medizinisch inkorrekte aber logische sowie inkorrekte und nicht logische Hirntodeskriterien angegeben werden.

Nachfolgend werden drei Szenarien vorgestellt: Im jeweiligen einleitenden Text wird im ersten Szenario ein hirntoter, im zweiten ein komatöser und im dritten Szenario ein Patient im PVS aufgeführt. Die Diagnose wird jedoch nicht vorab preisgegeben. Im Fragebogen wird bei jedem Szenario gefragt, ob der Patient für tot gehalten wird, ob und unter welcher Bedingung die Organe des Patienten entnommen werden würden. Somit wird aufgezeigt, welcher fiktive Patient als tot oder lebend dargestellt wird, ob und wann dessen Organe gespendet werden und ob der Wille des Verstorbenen respektiert wird. Vermutlich ist Manchen nicht klar, wann es erlaubt ist, Organe in Bezug auf die Einverständniserklärungen und den Willen des Spenders, zu spenden.

Möglicherweise befürworten einige Befragte eine Organspende von einem als zuvor lebend bezeichneten Patienten (*„apparent willingness to violate the dead donor rule“*). Auch dies wird anhand der Szenarien überprüft.

Zudem geht man davon aus, dass sich der Großteil der Befragten aus der Allgemeinbevölkerungsgruppe eher weniger mit dem Thema Organtransplantation in der Vergangenheit beschäftigt hat, als die Gruppen mit medizinischer Vorbildung. Mit der entsprechenden Frage wird dies untersucht.

Es wird erwartet, dass innerhalb der vier Befragtengruppen unterschiedliche Meinungen zur Widerspruchsregel vorhanden sind und z.B. die Gruppe der Allgemeinbevölkerung eher „gegen“ und die Gruppen des medizinischen Bereiches eher „für“ eine Widerspruchsregelung sind. Dazu werden die verschiedenen Gruppen nach ihrer Meinung zur Widerspruchsregelung befragt und miteinander verglichen.

Zudem stellt sich die ethische Frage, warum trotz der derzeit geltenden Entscheidungsregelung die Organspendebereitschaft sinkt.

4 Das in Deutschland geltende Gesetz zur Organspende und seine ethische Bewertung

In Deutschland gilt seit dem 23. Mai 1949 das Grundgesetz, jedoch zunächst nur für den westlichen Teil und ab dem 23. April 1990 auch für den östlichen Teil des Landes[27], in dem das Recht auf Leben und körperliche Unversehrtheit eines jeden Bürgers der Bundesrepublik Deutschland in Art. 2 Abs. 2 verankert wurde. Dieses Recht ist nicht nur als ein reines Abwehrrecht zu verstehen, sondern impliziert auch einen Anspruch auf eine gesundheitliche Versorgung. In diesem Sinne und im Sinne des Hippokratischen Eides Art. 3[28] versuchen Mitarbeiter des medizinischen Bereiches Hilfe zu leisten, damit dieses Anspruchsrecht gewahrt bleibt. Dabei stellt die Bedürftigkeit, ein neues Organ zu bekommen, um ein Leben zu erhalten oder eine deutliche Verbesserung des gesundheitlichen Zustandes zu erreichen, einen Spezialfall dar, da die Knappheit verfügbarer und transplantierbarer Organe eine große Herausforderung ist.

Des weiteren kann ein Mangel an transplantierbaren Organen zu einem Fehlverhalten bei Ärzten führen, wie dies in Göttingen, Regensburg, München und Leipzig im Jahre 2012 den Medien zu entnehmen war[29]. Dies bewirkte offensichtlich einen Rückgang in den Organspenderzahlen.

Bis zum 1. November 2012 galt in Deutschland die erweiterte Zustimmungsregelung im Rahmen der Organspende, welche im Transplan-

---

[27]Vgl. *Uhlmann*, Grundgesetz.

[28]Vgl. *Steinmann,* Hippokrates der Eid des Arztes.

[29]Vgl. *Schütz,* Leben, Tod und Korruption; *Staudinger,* Verspieltes Vertrauen, SZ 2013.

tationsgesetz vom 1. Juli 1997[30] dargelegt ist. Dies bedeutete, dass die Bundesbürger zu Lebzeiten einer Organspende zugestimmt haben müssen, z.B. mittels Organspendeausweis. Liegt eine Dokumentation für eine Spende nicht vor, werden die Angehörigen nach dem mutmaßlichen Willen des Patienten befragt[31]. Die erweiterte Zustimmungsregelung wurde von der Entscheidungslösung durch das Verabschieden des entsprechenden Gesetzes am 25. Mai 2012[32] ersetzt. Am 1. November 2012 trat die Entscheidungslösung[33] zur Organspende im Bundestag in Kraft. Diese sieht vor, dass u.a. zukünftig jede krankenversicherte Person bei vollendetem 16. Lebensjahr von der Krankenkasse sogar mehrfach angeschrieben und aufgefordert wird, zu einer Organ- und Gewebespende Stellung zu nehmen. Mittels kostenlosem Organspendeausweis wird die Position des Befragten dokumentiert. Die Versicherten werden allerdings nicht zu einer Entscheidung gezwungen[34]. 2012 wurden die Krankenversicherten zum ersten Mal befragt, 2014 erfolgt die zweite Befragung. Nach dem Jahr 2017 sollen die Krankenversicherten von der Krankenkasse alle fünf Jahre zu einer Stellungnahme aufgefordert werden[35].

Vermutlich bleibt trotz Entscheidungslösung ein großer Organmangel in Deutschland bestehen, da in Deutschland zur Zeit 11.000 Menschen auf ein Spendeorgan[36] warten.

Geht man nun von dem Prinzip der Menschenwürde eines jeden Menschen aus, wie es in der Menschenrechtserklärung der Vereinten Nationen von 1948 in Art. 1 („*Alle Menschen sind frei und gleich an Würde und Rechten geboren. Sie sind mit Vernunft und Gewissen begabt und sollen einander im Geiste der Brüderlichkeit begegnen*“[37]) dargelegt ist, und dem Recht auf Leben und körperliche Unversehrtheit, wie es im deutschen Grundgesetzt verankert ist, so hat der Staat der Bundesrepublik Deutschland die Verpflichtung dieses Prinzip und Recht zu schützen und nach einer gesetzlichen Regelung zu suchen, um dies zu erfüllen. Diese Bestimmung beinhaltet auch die Zielsetzung, den Mangel an Organen zu reduzieren und im besten Falle zu beheben.

---

[30]Vgl. DSO, Jahresbericht 2014.
[31]Vgl. DSO, Jahresbericht 2014.
[32]Vgl. DSO, Jahresbericht 2014.
[33]Vgl. DSO, Jahresbericht 2014.
[34]Vgl. DSO, Jahresbericht 2014.
[35]Vgl. *Simon,* Organspendeausweis.
[36]Vgl. DSO, Jahresbericht 2014.
[37]*Knoepffler,* Angewandte Ethik, S. 66.

Nimmt man an, dass Verstorbene, die zu Lebzeiten eine Organspende nicht eindeutig abgelehnt haben, einer Entnahme aber zugestimmt hätten, wenn sie sich zu Lebzeiten damit beschäftigt hätten[38], da „man ihnen Moralität im Sinne einer Bereitschaft zur Solidarität“[39] gegenüber Organempfängern und in Folge dessen zur Organspende unterstellt[40], und geht man von dieser Annahme und dem Prinzip der Menschenwürde aus[41], so ergibt sich nachfolgend dargestellter „*ethischer Imperativ*“[42]:

1. „Patienten sind in ihrem Lebensrecht bedroht und dadurch schlecht gestellt.

2. Leben ist Bedingung der Möglichkeit für Menschenwürdezuerkenntnis.

3. Tote haben keine Menschenwürde, auch wenn ihr Körper nicht einfach nur Gegenstand ist, sondern einen Verweisungscharakter auf die einst lebende Person hat.

4. Wenn sie als Lebende einer Organentnahme nicht widersprochen haben, sollte ihnen die Solidarität mit denjenigen unterstellt werden, deren Leben sie durch ein postmortale Organgabe retten oder verbessern könnten.

5. Darum sollte das Lebensrecht und Wohlergehen derer, die der Organe bedürfen, bei Fehlen eines expliziten Widerspruchs durch die Verstorbenen während ihrer Lebenszeit wichtiger sein als Befürchtungen von Angehörigen.

6. Es besteht die Verpflichtung, Organe bei Toten, die nicht widersprochen haben, zu entnehmen (falls medizinisch indiziert), sobald man sich für ein Hirntodkriterium entscheidet, denn man darf ihnen Solidarität unterstellen.“[43].

---

[38] Vgl. *Knoepffler,* Ethische Fragen bei Organtransplantationen, S. 18.
[39] Vgl. *Knoepffler,* Ethische Fragen bei Organtransplantationen, S. 18.
[40] Vgl. *Knoepffler,* Ethische Fragen bei Organtransplantationen, S. 18.
[41] Vgl. *Knoepffler,* Ethische Fragen bei Organtransplantationen, S. 18.
[42] Vgl. *Knoepffler,* Ethische Fragen bei Organtransplantationen, S. 18.
[43] Vgl. *Knoepffler,* Ethische Fragen bei Organtransplantationen, S. 19.

Die gesuchte gesetzliche Regelung könnte die Widerspruchsregelung im Rahmen der Organspende sein. Diese besagt, dass dann, wenn der Verstorbene zu Lebzeiten einer Organspende nicht ausdrücklich widersprochen hat, dessen Organe zu einer Spende entnommen werden können[44].

Es soll an Hand der empirischen Daten nun die Frage beantwortet werden, ob die deutsche Bevölkerung für diese ethische gebotene Lösung mittelfristig zumindest mit zunehmenden Interesse, langfristig in beträchtlichen Prozentsatz, gewonnen werden könnte. Zudem wird geprüft, wie sich die Bevölkerung zum Thema Organspende verhält und wie umfassend das Wissen über Hirntod- und Todeskriterien ist.

[44]Vgl. DSO, Jahresbericht 2014.

5 Methodik

In den nächsten fünf Punkten werden die Stichprobenplanung, die Entwicklung und Beschreibung des Fragebogens, die Durchführung der Umfrage und die Datenverarbeitung sowie die statistische Auswertung dargestellt.

5.1 Stichprobenplanung

Die Umfrage wird in Jena mit Hilfe eines Fragebogens durchgeführt. Insgesamt werden 500 Personen aus der Allgemeinbevölkerung, 125 Ärztinnen und Ärzte[45] der Klinik für Anästhesie und Intensivmedizin am UKJ, 237 Humanmedizinstudentinnen und Humanmedizinstudenten im 6. Fachsemester der FSU ein Fragebogen und 55 niedergelassenen Fachärztinnen und Fachärzte für Allgemeinmedizin[46] in Jena zugeschickt.

Es wird von der Einwohnermeldebehörde von Herrn Olaf Schroth[47] eine repräsentative Stichprobe aus der Allgemeinbevölkerung in Jena gezogen. Diese Stichprobe spiegelt die Verteilung der Allgemeinbevölkerung bezüglich Geschlecht, Staatsangehörigkeit, Schulabschluss, Familienstand, Konfession und Berufstätigkeit wider[48]. Hierbei zeigt die Stichprobe entsprechend der Statistik der Allgemeinbevölkerung, dass es in Jena mehr Frauen als Männer, eine überwiegend deutsche Staatsangehörigkeit, wenige Personen ohne Schulabschluss und das Abitur als häufigsten Abschluss, gefolgt von Real- und Hauptschulabschluss gibt. Des Weiteren sind die Befragten beider Statistiken am häufigsten ledig, am zweithäufigsten verheiratet, seltener geschieden und am wenigsten

---

[45] Stand: 15.04.2011.

[46] Stand: 21.06.2011.

[47] Fachdienstleiter der Meldebehörde, Stadtverwaltung Jena.

[48] Siehe Tabelle 1.

verwitwet. Bezüglich der Konfession geben die meisten Personen an konfessionslos zu sein. Die evangelische Konfession ist am häufigsten vertreten. Angehörige mit römisch-katholischer Religionszugehörigkeit sind seltener vertreten. Es sind weitaus mehr Personen berufstätig als arbeitsuchend. Der Altersbereich in der Umfrage beträgt 18 bis 70 Jahren. Insgesamt nehmen aus dieser Gruppe 157 Personen (31,4%) von den 500 angeschriebenen Personen teil. Hiervon sind 87 (55,4%) weiblich und 70 (44,6%) männlich. Der Mittelwert des Alters der Befragten beträgt 45 Jahre (45,13) bei den weiblichen und 45 Jahre (45,0) bei den männlichen Befragten. Der Median liegt bei 46 bei den Frauen und 44 bei den Männern. Insgesamt stellt sich ein Median von 45 dar. Weitere Details der Kriterienverteilung zeigt Tabelle 1.

Tabelle 1: Verteilung der Allgemeinbevölkerung in Jena

Kriterium	Anzahl	Durchschnitt
Geschlecht:[49]		
Bevölkerung insgesamt[50]	104232	
- männlich	51562	
- weiblich	52668	
Bevölkerung insgesamt[51]	102849	
Staatsangehörigkeit: (n = 102 849)[52]		
- deutsch	98563	
- andere Staatsangehörigkeit	4286	
Schulabschluss:[53]		
- Absolventen insgesamt	675	
- ohne Hauptschulabschluss	36	
- mit Hauptschulabschluss	72	
- mit Realschulabschluss	186	
- mit allgemeiner Hochschulreife	381	

[49] Quelle: Quartalsbericht III/2010, Informationsdienst des Teams Statistik, Stadtverwaltung Jena, 20. Jahrgang, Heft 76, S. 4 ff., 18, 37 f., Stand vom 30.06.2010.

[50] Quelle: Thüringer Landesbank für Statistik.

[51] Quelle: Städtisches Melderegister Jena.

[52] Quelle: Quartalsbericht III/2010, Informationsdienst des Teams Statistik, Stadtverwaltung Jena, 20. Jahrgang, Heft 76, S. 4 ff., 18, 37 f., Stand vom 30.06.2010.

[53] Quelle: Quartalsbericht III/2010, Informationsdienst des Teams Statistik, Stadtverwaltung Jena, 20. Jahrgang, Heft 76, S. 4 ff., 18, 37 f., Schulabschluss im Schuljahr 2009/10.

- Studenten insgesamt	20744
- Stundenten an der Fachhochschule insgesamt	4760
Familienstand: (n = 102 849)[54]	
- ledig	48529
- geschieden	7938
- verheiratet	40203
- verwitwet	6179
Religion: (n = 102 849)[55]	
- römisch?katholisch	5473
- evangelisch	15842
- keine Angaben	81534
Beruf:	
- Sozialversicherungspflichtige Beschäftigte in der Stadt Jena[56]	35705
- Arbeitslose[57]	3926

Von den 125 Ärztinnen und Ärzten der Klinik für Anästhesie und Intensivmedizin am UKJ beteiligen sich insgesamt 82 (65,6%). Davon sind 42 (51,2%) weiblich und 34 (41,5%) männlich. Der Mittelwert des Alters liegt bei den Frauen bei 36 Jahren (35,76) und bei den Männern bei 36 Jahren (36,47), der Median beträgt 33 bei den Frauen und 35 bei den Männern. Insgesamt beträgt der Median 35.

Aus der Gruppe der 237 Medizinstudentinnen und Medizinstudenten nehmen 135 (56,96%) an der Umfrage teil. Der Anteil der Studentinnen beträgt 89 (65,9%) und der Studenten 44 (32,6%). Der Mittelwert des Alters liegt bei 23 Jahren (22,58) bei den weiblichen und 23 Jahren (23,44) bei den männlichen Studenten. Der Median beträgt 22 bei den Studentinnen und 23 bei den Studenten. Insgesamt beträgt der Median 22.

[54]Quartalsbericht II/2010, Informationsdienst des Teams Statistik, Stadtverwaltung Jena, 20. Jahrgang, Heft 75, S. 14 u. 36, Schulabschluss im Schuljahr 2009/10, Stand vom 30.06.2010.

[55]Quartalsbericht II/2010, Informationsdienst des Teams Statistik, Stadtverwaltung Jena, 20. Jahrgang, Heft 75, S. 14 u. 36, Schulabschluss im Schuljahr 2009/10, Stand vom 30.06.2010.

[56]Quartalsbericht II/2010, Informationsdienst des Teams Statistik, Stadtverwaltung Jena, 20. Jahrgang, Heft 75, S. 14 u. 36, Schulabschluss im Schuljahr 2009/10, Stand vom September 2010.

[57]Quelle: Quartalsbericht III/2010, Stand vom Dezember 2009.

Um den Fragebogen von den Ärztinnen und Ärzten des UKJ und den Medizinstudentinnen und Medizinstudenten ausfüllen lassen zu dürfen, wird ein Antrag bei der Ethik – Kommission der FSU eingereicht. Dieser wird am 22. März 2011 zustimmend zur Kenntnis genommen. Des Weiteren wird Frau Tödter[58] über die Umfrage informiert. Frau Tödter gibt Hinweise zum rechtlichen Aspekt der Studie im Rahmen von Freiwilligkeit, Zweckgebundenheit, Vernichtung der Daten und dass keine Nachteile bei der Behandlung der Befragten am Universitätsklinikum Jena entstehen dürfen.

Insgesamt nehmen von den 55 niedergelassenen Fachärztinnen und Fachärzten für Allgemeinmedizin in Jena 13 (23,64%) an der Umfrage teil. Es gibt 11 (84,6%) weibliche und 2 (15,4%) männliche Teilnehmer. Der Mittelwert des Alters in dieser Gruppe liegt bei 46 Jahren (46,27) bei den Frauen und 42 Jahren (42,0) bei den Männern. Der Median beträgt 43 bei den Ärztinnen und 42 bei den Ärzten. Insgesamt liegt ein Medin von 43 vor. Die Adressen der Allgemeinmediziner in Jena (Thüringen) werden von der Internetseite der Kassenärztlichen Vereinigung Thüringen[59] entnommen.

Die Befragung findet im Zeitraum vom 15. April bis 16. August 2011 statt. Insgesamt nehmen von den 917 Befragten 387 teil. Die Teilnehmerrate entspricht somit 42,02%.

Die Erlaubnis zur Durchführung der Umfrage bei den Ärztinnen und Ärzten der Anästhesie und den Medizinstudenten und -studentinnen wird am 22. März 2011 von Frau Dr. phil. Ulrike Skorsetz[60] gegeben.

5.2 Entwicklung des Fragebogens

Der Fragebogen unterteilt sich in einen themenspezifischen Teil bezogen auf das Thema *„Todeskriterium und Organspenderegelung“* und in einen allgemeinen Teil mit allgemeinen Fragen an die Befragten.

Der Grundgedanke des themenspezifischen Teils basiert, auf einem Fragebogen entsprechend der Studie von Laura A. Siminoff, Christopher Burant und Stuart J. Youngner zu dem Thema *„Death and organ procurement: public beliefs and attitudes“*[61]. In dieser Studie werden 1.351 Bürger und Bürgerinnen aus Ohio, welche mindestens 18 Jahre

[58] Datenschutzbeauftragte, FSU.

[59] `http://cgi.kvt-arzt.de/database.php`; Stand: 21.06.2011.

[60] Ethik-Kommission, UKJ.

[61] Social Science & Medicine 59 (2004), 2325-2334, Elsevier.

alt sind, mittels Telefonumfrage befragt[62]. Die Teilnehmerrate ist hierbei 60%[63]. Den Befragten werden drei Szenarien mit hypothetischen Patienten vorgestellt, wobei ein Patient hirntot ist, der andere im Koma liegt und sich der dritte Patient im PVS befindet. Die Befragten sollen für das jeweilige Beispiel angeben, ob der Patient tot ist und ob sie die Organe des Patienten spenden würden. Das Ergebnis ist, dass 98% der Befragten schon einmal von dem Terminus Hirntod gehört haben, aber nur ein Drittel glaubt, dass jemand, der hirntot ist auch wirklich offiziell tot ist. 82,6% der Befragten erkennen den hirntoten Patienten als tot, 57,2% halten den Patienten im Koma für tot und 34,1% glauben, dass der Patient im PVS tot sei. Fast ein Drittel (33,5%) der Befragten gibt an, die Organe eines Patienten spenden zu lassen, den sie bei mindestens einem der drei Szenarios zuvor als lebend angegeben haben. Hierbei verletzen sie allerdings die *Dead Donor Rule*. Diese besagt, dass Organe erst von einem Menschen entnommen werden können, wenn dieser zuvor für tot erklärt wurde. Beruhigender Weise hat die Mehrheit der Befragten diese Regelung nicht gebrochen, obwohl dies doch eine kleine Minderheit in der Umfrage angegeben hat. Eine weitere Schlussfolgerung der Studie von Siminoff et al. ist, dass die Mehrheit der Befragten unwissend oder falsch informiert ist oder etwas unter Hirntod versteht, das nicht mit der Definition von Hirntod übereinstimmt. Hiermit zeigt die Studie, dass es mehr an öffentlichem Gespräch und Wissensvermittlung zum Thema Hirntod und Organtransplantation bedarf[64].

Nachdem es nicht möglich war die Originalfragen von Frau Siminoff zu erhalten, wird ein Fragebogen, mit den in der Arbeit von Frau Siminoff enthaltenen drei Szenarien als Grundlage, erstellt. Die Beschreibung der Szenarien wird von Siminoff et al. entnommen und nochmals klarer formuliert.

Zusätzlich wird als Frage ergänzt, ab wann ein Mensch von den Befragten als tot gilt. Hierbei wird bzgl. der medizinisch richtigen Aussage auf die gängige Literatur Bezug genommen[65]. Außerdem wird die Frage, wann ein Mensch für hirntot gehalten wird, mit in den Fragebogen aufgenommen. Auch hier wird sich an der medizinischen Literatur

---

[62] Vgl. *Siminoff* et al., 2325.
[63] Vgl. *Siminoff* et al., 2325 [2328].
[64] Vgl. *Siminoff* et al., 2325.
[65] Vgl. *Larsen*, S. 955; vgl. *Herold*, S. 645.

orientiert[66]. Anschließend wird gefragt, ob eine Widerspruchsregelung, nach kurzer Erklärung dieser, für gut gehalten wird.

Durch Fragen im Allgemeinteil des Fragebogens bezogen auf Alter, Geschlecht, Religionszugehörigkeit, Familienstand, Schulabschluss, Studium, Beruf und Interesse hinsichtlich des Themas Organtransplantation wird, versucht eine statistische Grundlage bzgl. dieser Daten aufzuzeichnen sowie Besonderheiten hervorzuheben.

Im ersten Probedurchlauf werden 131 Personen befragt. Hiervon sind 11 Medizinstudentinnen und Medizinstudenten und 38 Befragte geben Student oder Studentin ohne einen spezifischen Studiengang an. Zusätzlich nehmen ein Lebensmitteltechnologiestudent und zwei Lehramtstudenten am Probelauf teil. Zudem beteiligen sich 33 Arbeitnehmer, drei Rentner und vier Biologen an der Umfrage. Im medizinischen Bereich sind 24 Befragte tätig. Es kommen außerdem zwei Hausfrauen, drei Schüler und zehn Personen ohne Angaben zu Studium oder Beruf hinzu. Man kann bereits hier einen Trend erkennen der besagt, dass 47 Befragte (35,88%) die *Dead Donor Rule* verletzen würden. Dieser erste Durchlauf findet von Juli bis Oktober 2010 statt, um Fehlerquellen zu finden und Missverständnisse auszubessern.

Anschließend wird der Fragebogen von Herrn Dr. Ingo Matuschek[67] und Herrn Prof. Dr. Franz J. Neyer[68] begutachtet und bzgl. Aufbau, Form, Frageeinleitungen und Antwortmöglichkeiten überarbeitet.

Ein zweiter Probedurchlauf findet von Januar bis März 2011 statt. Hierbei werden 20 Personen mit dem überarbeiteten Bogen befragt, um weitere Fehler auszubessern, v.a. Formatfehler werden hierbei festgestellt. Überwiegend Medizinstudenten und Medizinstudentinnen sowie Ärzte nehmen an diesem Durchlauf teil.

5.3 Beschreibung des Fragebogens

In einem kurzen einleitenden Informationsteil, werden Grund und Inhalt der Umfrage erklärt sowie der Hinweis auf Freiwilligkeit der Bearbeitung gegeben. Zudem wird angegeben, dass die Daten anonym und ausschließlich zweckgebunden behandelt werden, keine Nachteile bei einer Behandlung im UKJ entstehen würden und die Daten nach

[66] Vgl. *Herold*, S. 225, 645; vgl. *Gleixner*/Müller/Wirth, S. 27; vgl. *Hahn*, S. 144.

[67] Institut für Soziologie, Jena.

[68] Lehrstuhl für Differentielle Psychologie, Persönlichkeitspsychologie und Psychologische Diagnostik, Jena.

Beendigung des Projektes gelöscht werden. Der erstellte Fragebogen ist in einen themenspezifischen und einen allgemeinen Teil unterteilt. Der themenspezifische Teil des Fragebogens beschäftigt sich mit Fragen in Bezug auf das Thema „Todeskriterium und Organspenderegelung". Der allgemeine Teil dieses Bogens beinhaltet demografische Fragen, z.B. nach Alter und Geschlecht der Befragten.

Zunächst wird der themenbezogene Teil des Fragebogens erläutert. Das Kernstück des themenbezogen Teils sind die drei Szenarien, welche die folgenden drei Situationen mit einem hypothetischen Patienten vorstellen. Den Befragten wird nur der Patient beschrieben und nicht die Diagnose dargelegt.

Das erste Szenario beschreibt einen „22jährigen Patient (der) nach einem Motorradunfall im Krankenhaus liegt. Er wird künstlich beatmet und erhält Medikamente zur Unterstützung des Kreislaufs. Es zeigen sich keine Zeichen einer Gehirnfunktion, d.h. keine Gehirnaktivität und keine elektrischen Hirnströme". Der Patient im ersten Szenario ist hirntot.

Im zweiten Beispiel liegt „ein 22jähriger Mann nach einem Motorradunfall im Krankenhaus. Er wird künstlich beatmet und erhält Medikamente zur Unterstützung des Kreislaufs. Sein Gehirn ist verletzt und wird sich nicht mehr erholen. Der Patient wird mit hoher Wahrscheinlichkeit nie wieder aufwachen, nie mehr selbständig essen oder selbstständig atmen, dennoch sind geringe Zeichen einer Gehirnfunktion vorhanden". Dieser Patient befindet sich im Koma.

Im dritten Szenario wird ein Patient vorgestellt, welcher „22 Jahre alt und seit fünf Jahren im Pflegeheim ist. Seine Atmung erfolgt selbstständig, er benötigt zur Ernährung eine Magensonde. Er ist bewusstlos und wird mit hoher Wahrscheinlichkeit niemals das Bewusstsein wiedererlangen und mit anderen Menschen kommunizieren können". Dieser Patient befindet sich im PVS.

Als erstes nach der Beschreibung eines jeden Szenarios wird den Befragten die Frage gestellt, ob der Patient nach Meinung der Befragten tot sei mit den Antwortmöglichkeiten „ja", „wahrscheinlich", „eher unwahrscheinlich", „nein" und „weiß nicht". Nach dieser Frage wird bei jedem Szenario genauer erfragt, ab wann die Befragten die Organe des Patienten spenden lassen würden. Hierbei finden sich für jedes der drei Szenarien folgende sieben Situationen bzw. Unterpunkte: Der Patient besitzt einen Organspendeausweis mit Einwilligung und die Angehörigen sind nicht zu erreichen. Der Patient besitzt einen Organspendeausweis mit Einwilligung und die Angehörigen sind mit der Spende einverstanden bzw. nicht einverstanden. Es liegt kein Organspendeausweis vor und die Angehörigen sind mit einer Spende einverstanden. Es liegt kein Organspendeausweis vor, die Angehörigen sind nicht erreichbar, aber ein anderer Patient benötigt die Organe dringend zum Überleben. Es liegt kein Organspendeausweis vor, die Angehörigen sind nicht einverstanden und ein anderer Patient benötigt die Organe dringend zum Überleben. Der Patient hat im Vorfeld eine Spende abgelehnt, aber ein anderer Patient benötigt die Organe dringend zum Überleben. Die Antwortmöglichkeiten bestehen aus „ja“, „wahrscheinlich“, „eher unwahrscheinlich“, „nein“ und „weiß nicht“.

Zusätzlich werden die Fragen gestellt, ab wann die Befragten einen Menschen für tot und für hirntot halten. Für beide Fragen gibt es folgende Unterpunkte: Ein Mensch ist tot bzw. hirntot wenn dieser seine Arme, Beine, den Kopf und den Rumpf nicht mehr bewegen kann, keinen Herzschlag aufweist, nicht mehr atmet, kein Pulsschlag messbar ist und eine unwiderruflich erloschene Gesamtfunktion des Großhirns, des Kleinhirns und des Hirnstamms aufweist.

Bei der Frage, ab wann ein Mensch tot ist gibt es noch folgende Möglichkeit: Ein Mensch ist tot, wenn bei der Ableitung der Hirnströme keine Gehirnfunktionen darstellbar sind.

Zusätzlich gibt es bei der Frage nach der Hirntoddefinition noch folgende Beispiele: Ein Mensch ist hirntot, wenn dieser seine Augen nicht mehr öffnet, das Bewusstsein nicht mehr erlangt und bei der Ableitung der Hirnströme keine Gehirnfunktionen für mindestens 30 Minuten darstellbar sind.

Bei diesen Fragen kann pro Unterpunkt „ja“, „wahrscheinlich“, „eher unwahrscheinlich“, „nein“ und „weiß nicht“ als Antwortmöglichkeit angekreuzt werden.

Abschließend wird nach einem kurzen erklärenden Text zur Widerspruchsregelung, welche besagt, dass jede Person automatisch Organspender ist, solange diese die Regelung im Vorfeld nicht explizit abgelehnt bzw. ihr widersprochen hat, gefragt, ob die Befragten die Widerspruchsregelung zur Organspende für gut halten. Als Antwortmöglichkeiten stehen „ja“, „nein“ und „weiß nicht“ zur Auswahl.

Die Befragten werden vorab gebeten nur eine Antwort pro Zeile, also auch nur eine Antwort pro Unterpunkt zu geben. Mehrantworten pro Zeile werden als ungültig und somit als nicht beantwortet gewertet.

Am Ende des Fragebogens folgt der allgemeine Teil des Fragebogens. Die Befragten werden gebeten Angaben zu Alter, Geschlecht, Religionszugehörigkeit, Staatsangehörigkeit, Familienstand, Schulabschluss, Studium und Beruf zu machen. In der letzten Fragestellung wird danach gefragt, ob die Befragten sich schon einmal mit dem Thema Organtransplantation beschäftigt haben und ob das „sehr oft“, „oft“, „ab und zu“, „selten“ oder „nie“ war.

5.4 Durchführung der Umfrage

In der Gruppe der Allgemeinbevölkerung wird jeder von der Meldebehörde genannten Adresse ein Fragebogen mit Informationsblatt zugeschickt. Die Befragten werden im Informationsteil aufgefordert, den ausgefüllten Bogen innerhalb von zwei Wochen im bereits frankierten und an das Ethikzentrum adressierten Rückumschlag zu versenden. Die Briefe werden am 29. April 2011 an die Bevölkerungsgruppe abgeschickt und der letzte Antwortbrief dieser Gruppe kommt am 16. August 2011 im Ethikzentrum an.

Den Ärzten und Ärztinnen der Klinik für Anästhesiologie und Intensivmedizin wird jeweils eine E-Mail über den Verteiler der Klinik für Anästhesie und Intensivmedizin mit einem Link, der zu dem Fragebogen als Onlineversion führt, dem entsprechendem Passwort zum Öffnen des Fragebogens und einem Informationsteil mit persönlicher Bitte von Herrn apl. Prof. Dr. med. Winfried Meißner den Fragebogen auszufüllen, zugeschickt. Zudem werden die Adressanten gebeten, den Fragebogen nur einmal auszufüllen. Diese Onlineversion wird zuvor im Pretest von 5 Personen, darunter ein Assistenzarzt der Radiologie, eine Doktorandin der Biologie und drei Beschäftigten im öffentlichem Dienst, getestet.

Es werden die Ärztinnen und Ärzte der Klinik für Anästhesiologie und Intensivmedizin gebeten, den Fragebogen innerhalb von 14 Tagen auszufüllen und abzuschicken. Der Fragebogen steht vom 12. April bis 31. Mai 2011 online zur Verfügung. Am 16. Mai 2011 erinnert und bittet Herr apl. Prof. Dr. med. Winfried Meißner die Ärzte und Ärztinnen ein weiteres Mal an der Umfrage teilzunehmen, da bis Dato nur 48 Personen den Fragebogen zurückgeschickt hatten. So werden weitere 34 Fragebögen beantwortet.

Der Gruppe der Medizinstudentinnen und Medizinstudenten des 6. Fachsemesters der Friedrich-Schiller-Universität Jena wird der Fragebogen mit Informationsblatt in der Woche des Pathologiekurses vom 16.-19. Mai 2011 vor Kursbeginn ausgeteilt und am Ende des Kurses bzw. an den folgenden Tagen nach dem Kurs eingesammelt. Es wurde auch der Hinweis erteilt, dass der Fragebogen nach der Biometrieklausur am 14. Juni 2011 abgegeben werden kann. Nach der Biometrieklausur[69] am 14. Juni 2011 wird derselbe Fragebogen mit Informationsblatt ausgeteilt. Die Studentinnen und Studenten werden aufgefordert, den Bogen, falls sie ihn noch nicht in der Vergangenheit ausgefüllt hatten, auszufüllen und nach dem Ende der letzten Vorlesung am 14. Juni 2011 abzugeben. Hiermit wird versucht möglichst viele Studentinnen und Studenten zu erreichen und es soll ihnen dadurch die Möglichkeit gegeben werden, in Ruhe über den Fragebogen und die Antwortmöglichkeiten nachzudenken.

Den 55 niedergelassenen Fachärztinnen und Fachärzten für Allgemeinmedizin in Jena wird wie der Gruppe der Allgemeinbevölkerung ein Fragebogen mit Informationsblatt zugesandt. Im Informationsteil werden die Befragten gebeten, den ausgefüllten Bogen innerhalb von zwei Wochen im bereits frankierten und an das Ethikzentrum adressierten Rückumschlag abzuschicken. Am 23. Juni 2011 werden die Fragebögen mit Informationsteil abgeschickt und am 15. Juli 2011 kommt der letzte Antwortbrief im Ethikzentrum an.

5.5 Datenverarbeitung und statistische Auswertung

Für die Anästhesisten und Intensivmediziner wird ein Online Fragebogen mittels des Online – Fragebogen – Programms oFb Version 2.1.00 erstellt.

Die Ergebnisse der Umfrage werden mit IBM SPSS Version 19 erfasst und ausgewertet.

[69] Institut für medizinische Statistik, Informatik und Dokumentation.

6 Ergebnisse

In den nächsten Punkten werden die Ergebnisse der Umfrage aufgeführt.

6.1 Stichprobe

In Jena werden 917 Personen zum Thema Todeskriterium und Organspenderegelung mittels Fragebogen befragt. Insgesamt nehmen 387 Personen teil. Die Teilnehmerrate beträgt 42,02%.

Es werden vier Gruppen von Befragten gebildet. Es werden die Gruppe der Allgemeinbevölkerung, Ärztinnen und Ärzten der Klinik für Anästhesiologie und Intensivmedizin, Medizinstudentinnen und Medizinstudenten des 6. Semesters und Allgemeinärztinnen und Allgemeinärzten aus Jena in die Umfrage einbezogen. Von den 500 angeschriebenen Personen aus der Allgemeinbevölkerung antworten 157, 82 von 125 Ärztinnen und Ärzten der Klinik für Anästhesiologie und Intensivmedizin nehmen an der Umfrage teil, 135 von 237 Medizinstudentinnen und Medizinstudenten und 13 von 55 Allgemeinärztinnen und Allgemeinärzten aus Jena beantworten den Fragebogen.

Tabelle 2 zeigt die soziodemographischen Charakteristika der Gruppen. Die Teilnehmer sind zwischen 18 und 70 Jahre alt und haben ein durchschnittliches Alter von 45 (45,07) Jahren bei den Teilnehmern aus der Allgemeinbevölkerungsgruppe, 36 (36,08) Jahren bei den Ärztinnen und Ärzten der Anästhesie des UKJ, 22 (22,86) Jahren bei den Medizinstudentinnen und -studenten der FSU und 45 (45,92) Jahren bei den Allgemeinärztinnen und -ärzten. Es nehmen hauptsächlich Frauen an der Befragung teil. 97,67% weisen einen Schulabschluss auf.

Aus der Allgemeinbevölkerungsgruppe sind 2,8% im Bereich Medizin, 0,9% im Gebiet Medizin und Dienstleistung und 0,9% im medizinisch – technischen Aufgabenfeld tätig. 2,9% der Befragten sind Ärzte, 1,0% Physiotherapeuten, 2,9% Altenpfleger, 1,0% Sporttherapeuten und 1,0% Rettungsassistenten.

82 der Befragten der Allgemeinbevölkerung machen Angaben zur Frage nach dem Studiengang. 8,5% belegen Medizin, 2,4% Veterinärmedizin und 1,2% molekulare Medizin als Studiengang bzw. haben es belegt. 1,2% sind auf einer medizinischen Fachschule.

In allen Gruppen ist die Mehrheit der Befragten konfessionslos und 26,61% sind evangelisch. Fast ein Drittel (31,52%) verheiratet ist.

Tabelle 2: Soziodemographische Charakteristika der Befragtengruppen

	Allgemeinbevölkerung	Anästhesisten	Medizinstudenten	Allgemeinärzte
Alter (in Jahren)	45,07	36,08	22,86	45,92
Geschlecht	(n=157)	(n=75)	(n=133)	(n=13)
- männlich	70	34	44	2
- weiblich	87	41	89	11
Staatsangehörigkeit	(n=148)	(n=74)	(n=130)	(n=13)
- deutsch	146	70	127	13
- russisch	1			
- thailändisch	1			
- ungarisch		1		
- österreichisch		1		
- deutsch-österreichisch		2		
- portugiesisch			2	
- deutsch-dänisch			1	
Schulabschluss	(n=152)	(n=82)	(n=133)	(n=13)
- kein Abschluss	2			
- Hauptschulabschluss	11			
- Realschulabschluss	55			
- Abitur	79	82	133	13
- Haupt- und Realschulabschluss	1			
- 10. Klasse abgeschlossen	2			
- Realschulabschluss und Abitur	2			
Familienstand	(n=156)	(n=76)	(n=133)	(n=12)
- ledig	54	40	130	

- getrennt lebend	1	1		1
- geschieden	17			2
- verheiratet	76	35	3	8
- verwitwet	7			1
- Lebensgemeinschaft	1			
Religion	(n=148)	(n=74)	(n=130)	(n=10)
- römisch-katholisch	5	18	23	1
- evangelisch	33	20	46	4
- christlich-orthodox	1			
- konfessionslos	109	34	59	5
- atheistisch/nihilistisch		2	1	
- muslimisch			1	

6.2 Klassifikation von Tod und Hirntod

Es werden nun die Ergebnisse der Todes- und Hirntodkriterienfragen sowie die Kombination der persönlichen Todes- und Hirntodkriterien der Befragten dargestellt.

6.2.1 Klassifikation von Tod

In diesem Abschnitt wird anhand von vorgegebenen Beispielen überprüft, welche die persönlichen Todeskriterien der Befragten sind. Die erste Frage des spezifischen Teils des Fragebogens, welche „wann die Befragten einen Menschen für tot halten“ lautet und die Todeskriterien darstellt, wird nun eingehender statistisch betrachtet. Die Unterpunkte der Frage können bei 5.3 Beschreibung des Fragebogens eingesehen werden.

Alle Zahlenangaben erfolgen in Prozentzahlen. Es werden nur die Antwortmöglichkeiten aufgeführt, die angekreuzt werden.

Zunächst wird die Gruppe der Allgemeinbevölkerung von Jena aufgeführt. Aus dieser Gruppe halten 77,7% einen Menschen für nicht tot, wenn dieser seine Arme, Beine, den Kopf und Rumpf nicht bewegen kann. 6,4% halten den genannten Menschen für eher unwahrscheinlich, 3,2% für wahrscheinlich und 0,6% für auf jeden Fall tot. 10,8% beantworten diese Frage nicht. Die Alternative „weiß nicht“ wird von 1,3% angekreuzt. Ein Mensch, der keinen Herzschlag aufweist wird von 22,9% als nicht, von 8,3% als eher unwahrscheinlich, von 36,9% als wahrscheinlich und von 19,7% als auf jeden Fall tot angegeben. 8,9% beantworten diese Frage nicht und 3,2% geben „weiß nicht“ als Antwort an. Wenn ein Mensch nicht mehr atmet, wird er von 12,1% als auf jeden Fall, 35,7% als wahrscheinlich, 8,9% als eher unwahrscheinlich und 29,3% als nicht tot eingestuft. 10,8% enthalten sich dieser Frage und 3,2% geben „weiß nicht“ an. 32,5% nehmen an, dass eine Person bei deren Ableitung der Hirnströme keine Gehirnfunktion darstellbar ist, auf jeden Fall, 39,5% gehen davon aus, dass diese genannte Person wahrscheinlich, 3,8% eher unwahrscheinlich und 5,7% nicht tot ist. Des Weiteren beantworten 7,6% die Frage nicht und 10,8% geben „weiß nicht“ an. Einen Menschen ohne Pulsschlag kennzeichnen 12,1% mit auf jeden Fall, 28,7% mit wahrscheinlich, 12,1% mit eher unwahrscheinlich und 29,3% mit nicht tot. 10,8% beantworten die Frage nicht und 7,0% kreuzen „weiß nicht“ an. 74,5% markieren in der Frage nach einer Person, die eine unwiderruflich erloschene Gesamtfunktion des Großhirns, des Kleinhirns und des Hirnstammes haben als auf jeden Fall, 12,7% als wahrscheinlich, 1,9% als eher unwahrscheinlich und 1,3% als nicht tot. Zudem wird die Frage von 6,4% nicht beantwortet und 3,2% machen „weiß nicht“ als Antwort bei dieser Frage kenntlich. In Tabelle 3 wird dieser Unterpunkt dargelegt.

Nachfolgend werden die Antworten der Ärzte der Anästhesie und Intensivmedizin im UKJ genauer betrachtet. 89,0% halten einen Menschen, der seine Arme, Beine, den Kopf und Rumpf nicht mehr bewegen kann, für nicht und 2,4% halten diesen Menschen für eher unwahrscheinlich tot. 6,1% beantworten die Frage nicht und 2,4% kreuzen „weiß nicht“ als Antwortmöglichkeit an. 41,5% der befragten Personen geben an, dass eine Person ohne Herzschlag nicht, 3,7% eher unwahrscheinlich, 40,2% wahrscheinlich und 6,1% auf jeden Fall tot ist. Diese Frage wird von 6,1% nicht beantwortet und 1,2% sind sich nicht sicher, was sie ankreuzen sollen. Einen Menschen ohne Atmung stufen 2,7% als auf jeden Fall, 26,8% als wahrscheinlich, 9,8% als eher unwahrscheinlich und 52,4% als tot ein. 6,1% beantworten diese Frage nicht und 1,2% antworten mit „weiß nicht“. Eine Person, bei deren Ableitung der Hirnströme keine Gehirnfunktion darstellbar ist, wird von 37,8% als auf jeden Fall, 41,5% als wahrscheinlich, 1,2% als eher unwahrscheinlich und 11,0% als nicht tot eingeordnet. 6,1% geben keine Antwort an und 2,4% äußern sich mit „weiß nicht“. 58,5% führen auf, dass ein Mensch ohne Pulsschlag nicht, 6,1% eher unwahrscheinlich, 24,4% wahrscheinlich und 2,4% auf jeden Fall tot ist. Die Frage wurde von jedem Teilnehmer beantwortet, nur 2,4% geben „weiß nicht“ an. Eine Person mit unwiderruflich erloschener Gesamtfunktion des Großhirns, des Kleinhirns und des Hirnstamms wird von 80,5% als auf jeden Fall und 9,8% als wahrscheinlich tot kenntlich gemacht. Es kreuzen 3,7% „weiß nicht“ an. 6,1% enthalten sich einer Antwort. Tabelle 3 listet diesen Unterpunkt auf.

Des Weiteren werden die Angaben der Medizinstudentinnen und Medizinstudenten der FSU dargelegt. Von diesen kreuzen 83,0% an, dass ein Mensch, der seine Arme, Beine, den Kopf und den Rumpf nicht mehr bewegen kann, nicht, 8,1% eher unwahrscheinlich, 3,7% wahrscheinlich und 0,7% auf jeden Fall tot ist. Diese Frage wird von 4,4% nicht beantwortet. Hingegen wird ein Individuum, das keinen Herzschlag mehr aufweist, von 6,7% als auf jeden Fall tot, von 43,0% als wahrscheinlich, von 6,7% als eher unwahrscheinlich und von 37,8% als nicht tot genannt. 5,2% beantworten diese Frage nicht, es liegen 0,7% ungültige Mehrfachantworten vor. 3,0% geben an, dass ein Mensch, der nicht mehr atmet, auf jeden Fall, 34,8% wahrscheinlich, 13,3% eher unwahrscheinlich und 41,5% nicht tot ist. Nicht beantwortet wird die Frage von 2,2% und „weiß nicht“ wird bei 0,7% kenntlich gemacht. Wiederum 51,9% stufen eine Person, bei der sich bei der Ableitung der Hirnströme keine Gehirnfunktion darstellen lässt, als auf jeden Fall tot, 40,7% als wahrscheinlich, 1,5% als eher unwahrscheinlich und 3,0% als nicht tot ein. 2,2% beantworten diese Frage nicht und 0,7% markieren sie mit „weiß nicht“. Ein pulsloses Individuum wird von 1,5% für auf jeden Fall, 22,2% für wahrscheinlich, 17,8% für eher unwahrscheinlich und von 51,1% für nicht tot gehalten. Es liegen 0,7% ungültige Mehrfachbeantwortungen vor. Zudem ist ein Mensch mit einer unwiderruflich erloschenen Gesamtfunktion des Großhirns, des Kleinhirns und des Hirnstammes laut der Befragten zu 79,3% auf jeden Fall, 17,8% wahrscheinlich und 0,7% eher unwahrscheinlich tot. Von keinem wird diese Person als nicht tot aufgelistet. 1,5% beantworten diese Frage nicht und es gibt 0,7% ungültige Mehrfachbeantwortungen. In Tabelle 3 können die Prozentzahlen genauer eingesehen werden.

Abschließend wird die Gruppe der Allgemeinärztinnen und Allgemeinärzte aus Jena zu den Todeskriterien befragt. Jeder Teilnehmer der Befragung beantwortet sämtliche Fragen. Einen Menschen, der seine Arme, Beine, den Kopf und den Rupf nicht mehr bewegen kann, nennen 7,7% als eher unwahrscheinlich und 92,3% als nicht tot. Eine Person ohne Herzschlag geben 46,2% der Allgemeinmediziner als nicht, 15,4% als eher unwahrscheinlich und 38,5% als wahrscheinlich tot an. 38,5% halten ein Individuum ohne Atmung für wahrscheinlich, 15,4% für eher unwahrscheinlich und 46,2% für nicht tot. Ein Mensch, bei dessen Ableitung der Hirnströme keine Gehirnfunktion darstellbar ist, wird von 46,2% als auf jeden Fall und 53,8% als wahrscheinlich tot eingestuft.

Hingegen wird eine Person ohne Puls von 69,2% als nicht tot, von 7,7% als unwahrscheinlich und von 23,1% als wahrscheinlich tot aufgelistet. Von den Befragten beurteilen 100% ein Individuum mit unwiderruflich erloschener Gesamtfunktion des Großhirns, des Kleinhirns und des Hirnstammes als auf jeden Fall tot. Tabelle 3 zeigt diesen Unterpunkt an.

Tabelle 3: Todeskriterium Unterpunkt 6[70]

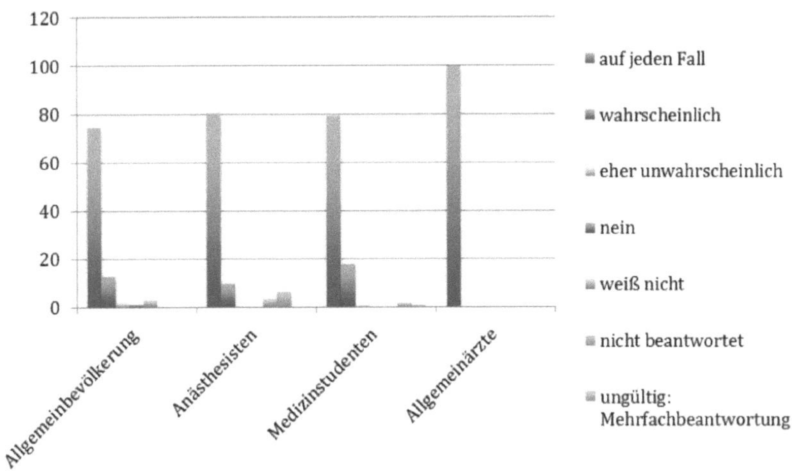

[70]Ein Mensch ist tot, wenn dieser eine unwiderruflich erloschene Gesamtfunktion des Großhirns, des Kleinhirns und des Hirnstamms aufweist.

6.2.2 Klassifikation von Hirntod

Nun wird die vorletzte Frage des spezifischen Teils des Fragebogens, welche *„ein Mensch ist hirntot, wenn dieser...“* lautet und sich mit der persönlichen Definition von Hirntod befasst, statistisch dargestellt. Die Unterpunkte zu dieser Frage stehen bei 5.3 Beschreibung des Fragebogens zur Einsicht bereit. Alle Zahlenangaben erfolgen in Prozentzahlen. Es werden nur die Antwortmöglichkeiten aufgeführt, die angekreuzt werden.

Zuerst wird die Gruppe der Allgemeinbevölkerung untersucht.

80,9% der Befragten aus der Gruppe der Allgemeinbevölkerung halten eine Person, die ihre Arme, Beine, den Kopf und Rumpf nicht mehr bewegen kann für nicht, 6,4% für eher unwahrscheinlich, 2,7% für wahrscheinlich und 1,3% für auf jeden Fall hirntot. 7,0% beantworten diese Frage nicht und 1,9% geben „weiß nicht“ an. Ein Mensch, der seine Augen nicht mehr öffnet wird von 82,2% als nicht, von 6,4% als eher unwahrscheinlich, 2,1% als wahrscheinlich und 1,4% als auf jeden Fall hirntot eingestuft. Erneut beantworten 7,0% die Frage nicht und 1,3% geben sich unentschlossen. 52,2% beurteilen eine Person ohne Herzschlag für ebenfalls nicht, 9,6% für eher unwahrscheinlich, 17,8% für wahrscheinlich und 8,9% für auf jeden Fall hirntot. 7,0% beantworten diese Frage nicht und 4,5% markieren „weiß nicht“ auf dem Fragebogen. 5,7% führen einen Menschen, der nicht mehr atmet als auf jeden Fall, 16,6% als wahrscheinlich, 10,8% als eher unwahrscheinlich und 54,8% als nicht hirntot auf. 8,3% beantworten diese Frage nicht. Die Antwort „weiß nicht“ wird von 3,8% kenntlich gemacht. Eine Person, die das Bewusstsein nicht mehr erlangt, wird von 52,9% als nicht, von 12,1% als eher unwahrscheinlich hirntot, doch von 17,8% als wahrscheinlich und von 5,1% als auf jeden Fall hirntot eingestuft. 7,6% beantworten diese Frage nicht und 4,5% geben „weiß nicht“ an. 37,6% betrachten, einen Menschen, der bei der Ableitung der Hirnströme keine Gehirnfunktion für mindestens 30 Minuten darstellt, als auf jeden Fall und 40,8% als wahrscheinlich hirntot. Nur 7,6% sagen aus, dass dieser Mensch nicht und 5,1%, dass dieser eher unwahrscheinlich hirntot ist. Nicht beantwortet wird die Frage von 5,7% und 3,2% der Befragten sind unentschlossen. In Tabelle 4 werden die Prozentzahlen zu diesem Unterpunkt aufgeführt.

Wiederum nehmen 45,2% an, dass eine Person ohne Pulsschlag nicht, 14,6% eher unwahrscheinlich, 17,8% wahrscheinlich und 7,0% auf jeden Fall hirntot ist. 8,9% beantworten diese Frage nicht, 5,7% geben

„weiß nicht“ an und 0,6% sind ungültig aufgrund von Mehrfachbeantwortung an. Bei einem Menschen mit einer unwiderruflich erloschenen Gesamtfunktion des Großhirns, des Kleinhirns und des Hirnstamms geben 84,7% an, dass diese Person auf jeden Fall, 9,6% wahrscheinlich, 1,3% eher unwahrscheinlich und 0,6% nicht hirntot ist. 2,5% enthalten sich der Frage und 1,3% markieren „weiß nicht“. Grafisch wird dies in Tabelle 4 dargelegt.

Nachfolgend wird die Befragtengruppe der Anästhesisten genauer in Augenschein genommen. 7,3% der befragten Anästhesisten beantworten die Frage, ab wann eine Person hirntot ist, nicht.

Auf die Frage, wann eine Person hirntot ist, kennzeichnen 89,0% der Anästhesisten, dass eine Person, die Arme, Beine, den Kopf und den Rumpf nicht bewegen kann, nicht, 1,2% eher unwahrscheinlich, 1,2% wahrscheinlich und 1,2% auf jeden Fall hirntot ist. Ebenfalls 89,0% halten einen Menschen, der seine Augen nicht mehr öffnet für nicht, 1,2% für eher unwahrscheinlich, 1,2% für wahrscheinlich und 1,2% für auf jeden Fall hirntot. Eine Person ohne Herzschlag wird von 81,7% als nicht, von 2,4% als eher unwahrscheinlich, von 7,3% als wahrscheinlich und von 1,2% als auf jeden Fall hirntot beurteilt. 76,8% stufen eine Person, welche nicht mehr atmet, als nicht, 3,7% als eher unwahrscheinlich, 8,5% als wahrscheinlich und 3,7% als auf jeden Fall hirntot ein. 75,6% sagen aus, dass ein Mensch, der sein Bewusstsein nicht mehr erlangt, nicht, 9,8% eher unwahrscheinlich, 1,2% wahrscheinlich und 3,7% auf jeden Fall hirntot ist. 2,4% geben „weiß nicht“ an. Eine Person, welche bei der Ableitung der Hirnströme für mindestens 30 Minuten keine Gehirnfunktion aufweist, wird von 35,4% als auf jeden Fall, von 30,5% als wahrscheinlich und von 25,6% als nicht hirntot angegeben. 1,2% kreuzen „weiß nicht“ an. Dies zeigt Tabelle 4.

86,6% beurteilen einen Menschen ohne Pulsschlag als nicht, 1,2% als eher unwahrscheinlich, 2,4% als wahrscheinlich und 1,2% als auf jeden Fall hirntot. 1,2% geben „weiß nicht“ an. Eine unwiderruflich erloschene Gesamtfunktion des Großhirns, des Kleinhirns und des Hirnstamms eines Menschen wird von 80,5% als auf jeden Fall, von 9,8% als wahrscheinlich und von 1,2% als eher unwahrscheinlich hirntot beziffert. 1,2% geben „weiß nicht“ an. Der letzte Punkt wird in Tabelle 4 dargelegt.

Anschließend werden die statistischen Ergebnisse aus der Gruppe der Medizinstudenten der FSU aufgelistet. 90,4% markieren, dass ein Mensch, der seine Arme, Beine, Kopf und Rumpf nicht mehr bewegen kann, nicht, 4,4% eher unwahrscheinlich und 0,7% auf jeden Fall hirntot ist. 3,7% beantworten diese Frage nicht und 0,7% sind ungültig aufgrund Mehrfachbeantwortung. Ein Mensch, welcher seine Augen nicht mehr offnet, wird von 86,7% als nicht, 5,2% als eher unwahrscheinlich, 3,0% als wahrscheinlich und 0,7% als auf jeden Fall hirntot bezeichnet. Erneut beantworten 3,7% diese Frage nicht und es liegen 0,7% ungültige Antworten vor. Hingegen wird ein Individuum, das keinen Herzschlag mehr aufweist, von 72,6% als nicht, von 5,9% als eher unwahrscheinlich, von 13,3% als wahrscheinlich und von 3,0% als auf jeden Fall hirntot beschrieben. 3,7% haben die Frage nicht beantwortet und 1,5% geben „weiß nicht“ an. 67,4% stufen einen Menschen, welcher nicht mehr atmet, als nicht, 7,4% als eher unwahrscheinlich, 18,5% als wahrscheinlich und 3,0% als auf jeden Fall hirntot ein. 3,7% enthalten sich der Frage. Eine Person, die das Bewusstsein nicht mehr erlangt, erachten 2,2% als auf jeden Fall, 20,0% als wahrscheinlich, 11,9% als eher unwahrscheinlich und 59,3% als nicht hirntot. 4,4% beantworten diese Frage nicht und 2,2% sind unentschlossen. Hingegen 57,0% beurteilen einen Menschen, welcher bei der Ableitung der Hirnströme keine Gehirnfunktion für mindesten 30 Minuten darstellt, als auf jeden Fall, 34,8% als wahrscheinlich, 2,2% als eher unwahrscheinlich und 2,2% als nicht hirntot ein. 3,0% kreuzen nichts an bei dieser Frage und 0,7% geben „weiß nicht“ an. Die Ergebnisse sind in Tabelle 4 und 5 dargestellt.

Ein pulsloses Individuum wird von 72,6% als nicht, 8,9% als eher unwahrscheinlich, 10,4% als wahrscheinlich und 1,5% als auf jeden Fall hirntot eingestuft. 5,9% geben keine Antwort zu dieser Frage und 0,7% markieren diese mit „weiß nicht“. 74,8% kennzeichnen einen Mensch mit einer unwiderruflich erloschenen Gesamtfunktion des Großhirns, des Kleinhirns und des Hirnstamms als auf jeden Fall, 17,8% als wahrscheinlich, 1,5% als eher unwahrscheinlich und 1,5% als nicht hirntot. 3,0% beantworten die Frage nicht und 0,7% sind können sich nicht auf eine Antwort festlegen. Tabelle 4 und 5 spiegeln diese Prozentzahlen wider.

Abschließend wird die Gruppe der Allgemeinmediziner im einzelnen dargelegt. Auf die Frage, wann ein Mensch hirntot ist, geben 100% der Allgemeinmediziner an, dass ein Mensch, der seine Arme, Beine, den Kopf und den Rumpf nicht mehr bewegen kann nicht hirntot ist. Ebenso 100% sagen aus, dass eine Person, welche ihre Augen nicht mehr öffnet, nicht hirntot ist. 84,6% sehen ein Individuum, welches keinen Herzschlag mehr aufweist, als nicht und 7,7% als eher unwahrscheinlich hirntot an. Diese Frage ist bei 7,7% aufgrund Mehrfachbeantwortungen ungültig. Ein Mensch, der nicht mehr atmet, wird von 92,3% als nicht und von 7,7% als eher unwahrscheinlich hirntot eingestuft. 76,9% halten eine Person, die nicht mehr das Bewusstsein erlangt, als nicht und 7,7% als eher unwahrscheinlich hirntot. 15,4% enthalten sich der Frage. Wiederum 61,5% beurteilen ein Individuum, bei dessen Ableitung der Hirnströme keine Gehirnfunktionen für mindestens 30 Minuten darstellbar sind, als auf jeden Fall und 38,5% als wahrscheinlich hirntot gilt. Dieser Punkt wird in Tabelle 4 und 5 dargestellt.

Eine Person ohne Pulsschlag kennzeichnen 92,3% als nicht und 7,7% als eher unwahrscheinlich hirntot. 100% geben einen Menschen, der eine unwiderruflich erloschene Gesamtfunktion des Großhirns, des Kleinhirns und des Hirnstamms aufweist, als auf jeden Fall hirntot an. Tabelle 4 und 5 zeigen dies.

Tabelle 4: Hirntodkriterium Unterpunkt 6[71]

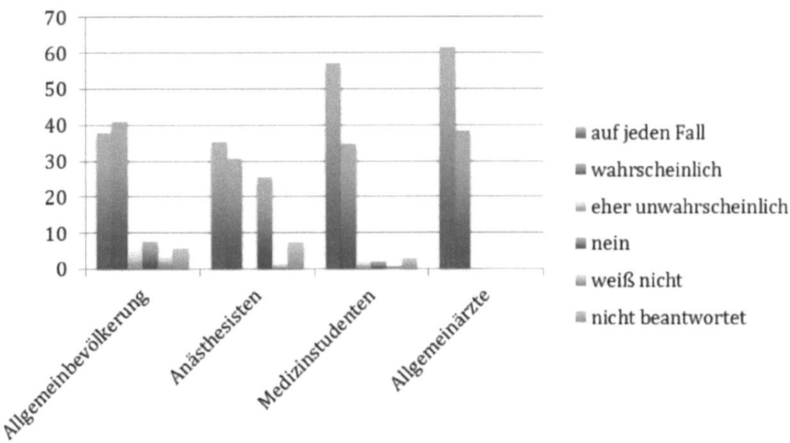

[71] Ein Mensch ist hirntot, wenn bei der Ableitung der Hirnströme keine Gehirnfunktion für mindestens 30 Minuten darstellbar sind.

Tabelle 5: Hirntodkriterium Unterpunkt 8[72]

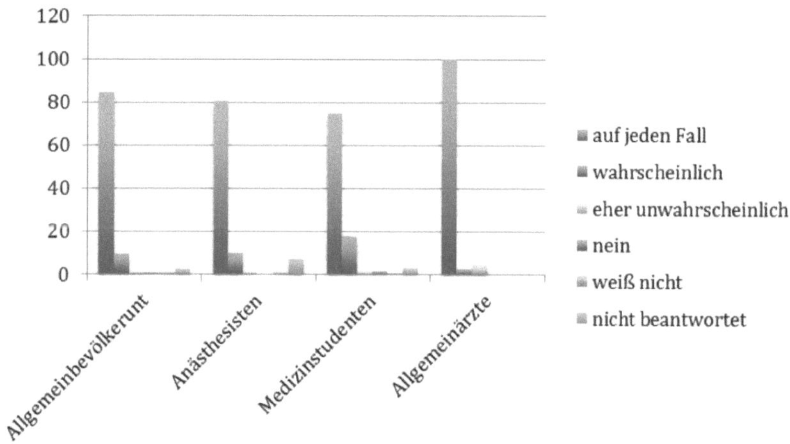

6.2.3 Persönliche Todes- und Hirntodkriterien

In diesem Abschnitt werden die Ergebnisse, bei denen die persönlichen Todes- und Hirntodkriterien mit den medizinischen Kriterien in Bezug auf den Tod und Hirntod übereinstimmen, dargestellt. Dabei wird betrachtet, bei welcher Anzahl der jeweiligen Befragtengruppe die persönlichen Todes- und Hirntodkriterien mit den auswählbaren medizinischen Kriterien in Hinsicht auf den Tod „Ein Mensch ist tot, wenn dieser (...) eine unwiderruflich erloschene Gesamtfunktion des Großhirns, des Kleinhirns und des Hirnstamms aufweist.“ und Hirntod „Ein Mensch ist hirntot, wenn (...) bei der Ableitung der Hirnströme keine Gehirnfunktionen für mindestens 30 Minuten darstellbar sind.“ als auch „Ein Mensch ist hirntot, wenn dieser eine unwiderruflich erloschene Gesamtfunktion des Großhirns, des Kleinhirns und des Hirnstamms aufweist.“ konform sind. Es werden nur die Teilnehmer in die Berechnung einbezogen, die jeweils bei allen Punkten „auf jeden Fall“ ankreuzen. Hierfür wird pro Befragtengruppe eine neue Variable in SPSS erstellt.

Alle Zahlenangaben erfolgen in Prozentzahlen. Es werden nur die Antwortmöglichkeiten aufgeführt, die angekreuzt werden.

[72]Ein Mensch ist hirntot, wenn dieser eine unwiderruflich erloschene Gesamtfunktion des Großhirns, des Kleinhirns und des Hirnstamms aufweist.

Es kongruieren aus der Gruppe der Allgemeinbevölkerung 29,9%, von den Anästhesisten 29,3%, von den Befragten der Medizinstudenten 44,4% und aus der Allgemeinmedizinergruppe 61,5% mit den persönlichen und aus dem Fragebogen wählbaren Todes- und Hirntodkriterien. Alle Ergebnisse zu den persönlichen Todes- und Hirntodkriterien sind in Tabelle 6 einsehbar.

Tabelle 6: Persönliche Todes- und Hirntodkriterien in Prozentzahlen

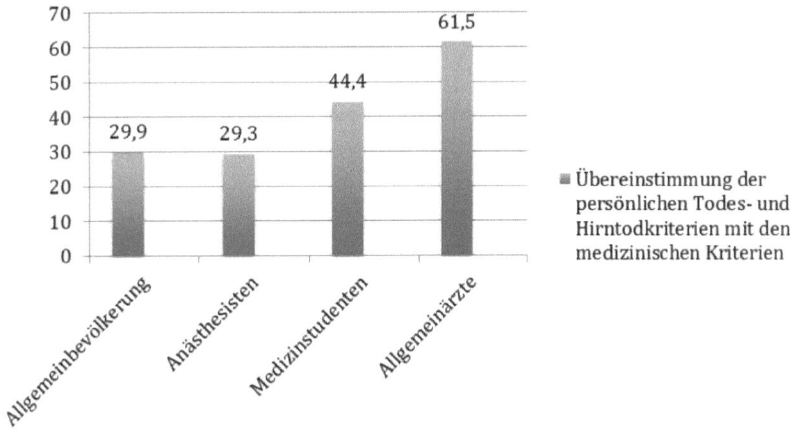

6.3 Verständnis von Todeskriterien

Folgend wird das Verständnis der Todeskriterien hinsichtlich der Szenarien des Fragebogens „Ist dieser Patient Ihrer Meinung nach tot?“ in den Blickpunkt gerückt. Alle Zahlenangaben erfolgen in Prozentzahlen. Für jede Befragtengruppe wird pro Antwortkonstellation eine neue Variable in SPSS erstellt.

Das Todeskriterium wird als medizinisch korrekt definiert, wenn der Patient in Szenario 1 als „auf jeden Fall“ oder „wahrscheinlich“ und in den Szenarien 2 und 3 als „eher unwahrscheinlich“ oder nicht tot („nein“)markiert wird.

Zudem werden mehrere geschlossen, logische Antwortzusammensetzungen, welche nicht mit der medizinisch korrekten Todeskriteriendefinition übereinstimmen erfragt. Hierzu gehört ein Patient, welcher in Szenario 1 und 2 als „auf jeden Fall“ oder „wahrscheinlich“ tot und in Szenario 3 als nicht („nein“) oder „eher unwahrscheinlich“ tot gewertet wird. Des Weiteren zählt zu dem geschlossen, logischen Term auch ein Patient, welcher in allen drei Szenarien als „auf jeden Fall“ oder „wahrscheinlich“ tot und in allen Szenarien als nicht („nein“) oder „eher unwahrscheinlich“ tot dargestellt wird.

Abschließend werden nicht logische und, entsprechend der medizinischen Definition, inkorrekte Konstellationen der Antworten aufgelistet. Als unlogisch wird klassifiziert, wenn ein Patient mit einer größeren Anzahl von intakten neurologischen Funktionen als tot bezeichnet wird, während ein anderer Patient mit geringeren neurologischen Funktionen als lebendig dargestellt wird[73]. Dazu gehört, wenn ein Patient in den Szenarien 2 und 3 als „auf jeden Fall“ oder „wahrscheinlich“ und in Szenario 1 als nicht („nein“) oder „eher unwahrscheinlich“ tot beschrieben wird. Ebenfalls ein Patient, welcher in Szenario 1 und 3 als „auf jeden Fall“ oder „wahrscheinlich“ und in Szenario 2 als nicht („nein“) oder „eher unwahrscheinlich“ tot markiert wird, wird als nicht logische und inkorrekte Antwortzusammensetzung erachtet. Außerdem wird dementsprechend ein Patient gewertet, welcher in Szenario 1 und 2 als nicht („nein“) oder „eher unwahrscheinlich“ tot und in Szenario 3 mit „auf jeden Fall“ oder „wahrscheinlich“ tot ankreuzt wird.

Als erstes wird die Gruppe der Allgemeinbevölkerung aufgeführt. Ein Mensch, der im ersten Szenario als tot und in dem zweiten und dritten Szenario als lebendig angegeben wird, wird unter den geläufigen medizinisch – gesetzlichen Kriterien korrekt als tot in Szenario 1 und korrekt als lebendig in Szenario 2 und 3 bezeichnet. Aus der Gruppe der Allgemeinbevölkerung geben von den 157 Befragten 23,6% den Patienten als „auf jeden Fall“ tot im ersten und als nicht tot im zweiten und dritten Beispiel entsprechend der geltenden Rechtsprechung an. Tabelle 6 stellt dies dar.

0,6% halten den Patienten in Szenario 1 für „wahrscheinlich“ und in Szenario 2 und 3 für „eher unwahrscheinlich“ tot, was in Tabelle 7 aufgezeigt wird.

Danach wird geprüft, ob die Probanden in sich geschlossene und logische, wenn auch nicht korrekte, Antworten geben; u.a. gehört zu diesem Bereich, ob der Patient in allen drei Szenarien als lebend gewertet wird. 5,7% der Allgemeinbevölkerungsgruppe bezeichnen den Patienten in allen drei Szenarien als nicht tot, keiner sieht den Patienten in allen Szenarien als „eher unwahrscheinlich“ tot an. In sich geschlossen

[73] Vgl. *Siminoff* et al., 2325 [2330].

logisch erscheint auch, wenn der Patient in Szenario 1 und 2 als tot und in Szenario 3 als lebend gewertet wird. 5,1% sehen den Patienten in Szenario 1 und 2 als „auf jeden Fall“ tot und Szenario 3 als nicht tot an, hingegen stufen 1,9% den Patienten in Szenario 1 und 2 als „wahrscheinlich“ und in Szenario 3 als „eher unwahrscheinlich“ lebendig ein. Auch, dass der Patient in allen drei Szenarien als tot angesehen wird, gehört zu der Gruppe der logischen, allerdings inkorrekten Beantwortungen. 1,9% halten den Patienten in allen 3 Szenarien als „auf jeden Fall“ und ebenfalls 1,9% als „wahrscheinlich“ tot.

Die Befragten aus der Allgemeinbevölkerungsgruppe weisen des Weiteren in sich nicht logische Antworten auf. Hierzu gehört die Antwortkonstellation, dass der Patient in den Szenarien 2 und 3 als tot und in Szenario 1 als lebendig aufgeführt wird. 0,6% kreuzen dies an, wobei die Person in Szenario 2 und 3 „auf jeden Fall“ und in Szenario 1 nicht tot ist.

Keiner markiert den Patienten in Szenario 2 und 3 als „wahrscheinlich“ und in Szenario 1 als „eher unwahrscheinlich“ tot. Eine weitere unlogische Antwortzusammensetzung ist, wenn der Patient in Szenario 1 und 3 als „auf jeden Fall“ oder „wahrscheinlich“ tot und Szenario 2 als nicht oder „eher unwahrscheinlich“ tot bezeichnet wird. Niemand der Allgemeinbevölkerungsbefragten gibt dies an. Auch markiert keiner der Befragten aus dieser Gruppe, dass der Patient in Szenario 1 und 2 „eher unwahrscheinlich“ oder nicht und in Szenario 3 „auf jeden Fall“ oder „wahrscheinlich“ tot ist.

Von den 82 Teilnehmern aus der Gruppe der Anästhesisten geben 40,2% die korrekte rechtliche und medizinische Bezeichnung der Todeskriterien durch die Szenarien wieder. Hierbei wird der Patient in Szenario 1 als „auf jeden Fall“ und in Szenario 2 und 3 als nicht tot beschrieben, dargestellt in Tabelle 7. 1,2% halten den Patienten in Szenario 1 für „wahrscheinlich“ und in Szenario 2 und 3 für „eher unwahrscheinlich“ tot. Tabelle 7 zeigt dies auf.

Aus dem logischen und übereinstimmenden Muster, aber nicht der Rechtsprechung in Hinblick auf Todeskriterien entsprechend, bezeichnen keine Teilnehmer den Patienten in allen drei Szenarien als „auf jeden Fall“ und nur 1,2% bezeichnen diesen als „wahrscheinlich“ tot. 3,7% stufen diesen Patienten in allen drei Szenarien als nicht tot ein, hingegen niemand als „eher unwahrscheinlich“ tot. 1,2% führen den Patienten in den Szenarien 1 und 2 als „auf jeden Fall“ tot und im Szenario 3 als nicht tot auf und ebenfalls 1,2% beschreiben diesen in

Szenario 1 und 2 als „wahrscheinlich“ und in Szenario 3 als „eher unwahrscheinlich“ tot.

Keiner der Befragten aus der Gruppe der Anästhesisten gibt nicht logische und inkorrekte Antwortzusammensetzungen an.

Die korrekte medizinische und rechtliche Todesklassifikation, bei denen der Patient in Szenario 1 als „auf jeden Fall“ und in den Szenarien 2 und 3 als nicht tot markiert wird, wird von 17,8% der 135 Medizinstudenten aufgelistet. Tabelle 7 macht dies kenntlich. 0,7% nennen den Patient in Szenario 1 als „wahrscheinlich“ und in Szenario 2 und 3 als „eher unwahrscheinlich“ tot. Tabelle 6 beschreibt das.

Von den logischen und übereinstimmenden Antwortmustern gibt keiner der Medizinstudenten an, dass der Patient in allen drei Szenarien „auf jeden Fall“ tot ist. Hingegen 1,5% beurteilen den Patienten in allen Szenarien als „wahrscheinlich“ tot. Niemand der Medizinstudenten bezeichnet den Patienten in allen Szenarien als nicht oder „unwahrscheinlich“ tot. 1,5% führen den Patienten in den Szenarien 1 und 2 als „auf jeden Fall“ und in Szenario 3 als nicht tot auf. Des Weiteren machen 2,2% den Patienten in Szenario 1 und 2 als „wahrscheinlich“ und in Szenario 3 als „eher unwahrscheinlich“ tot kenntlich.

Nicht ein einziger der Medizinstudenten gibt nicht logische und inkorrekte Szenarienzusammensetzungen an.

In der Allgemeinmedizinergruppe geben 38,5% der 13 Allgemeinmediziner die korrekte medizinische und rechtliche Todeskriterienklassifikation wieder, wobei der Patient in Szenario 1 als „auf jeden Fall“ und in Szenario 2 und 3 als nicht tot dargestellt wird. Dies bildet Tabelle 7 ab.

Keiner der Befragten bezeichnet den Pateinten in Szenario 1 als „wahrscheinlich“ und in Szenario 2 und 3 als „eher unwahrscheinlich“ tot.

Keiner der Befragten aus der Allgemeinmedizinergruppe gibt eine Antwortenkonstellation an, bei der inkorrekte und in sich geschlossen logische oder inkorrekte und nicht logische Antworten dargestellt werden.

Tabelle 7: Medizinisch korrekte Todeskriterien („definitiv“ und „wahrscheinlich/eher unwahrscheinlich“)

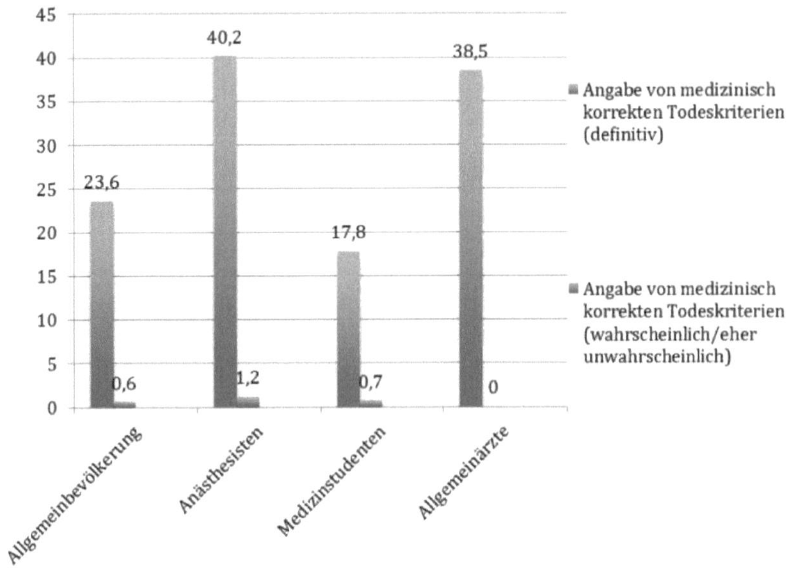

6.4 Verständnis von Hirntodkriterien

Um das Verständnis der Probanden über die Hirntodkriterien in Erfahrung zu bringen, wird als nächstes dargestellt, ob die Befragten den fiktiven Patienten in den Szenarien als tot oder lebendig einstufen und ob sie in der Frage nach der persönlichen Definition von Hirntod einen hirntoten Menschen entsprechend der medizinischen Klassifikation als tot ansehen. Hierzu zählt, wenn der Patient in Szenario 1 als „auf jeden Fall“ oder „wahrscheinlich“ tot und in Szenario 2 und 3 als „eher unwahrscheinlich“ oder nicht tot und dazu in der Frage „Ein Mensch ist hirntot, wenn dieser...“ den Unterpunkt 6 „bei der Ableitung der Hirnströme keine Gehirnfunktionen für mindestens 30 Minuten darstellbar sind.“ und Unterpunkt 8 „eine unwiderruflich erloschene Gesamtfunktion des Großhirns, des Kleinhirns und des Hirnstamms aufweist.“ mit „auf jeden Fall“ oder „wahrscheinlich“ ankreuzt.

Des Weiteren werden geschlossene, logische aber nicht korrekte Antworten aufgeführt. Zu diesem Punkt gehört, wenn die Person im ersten und zweiten Beispiel als „auf jeden Fall“ oder „wahrscheinlich“ tot, im dritten Beispiel als „eher unwahrscheinlich“ oder nicht tot und in Unterpunkt 6 und 8 der Hirntodesfrage mit „auf jeden Fall“ oder „wahrscheinlich“ hirntot markiert wird. Sowohl ein Patient, welcher in allen drei Szenarien als „auf jeden Fall“ oder „wahrscheinlich“ tot oder in allen drei Beispielen als „eher unwahrscheinlich“ oder nicht tot und in Bezug auf die Hirntodesfrage in Unterpunkt 6 und 8 mit „auf jeden Fall“ oder „wahrscheinlich“ hirntot genannt wird, wird zu der Kategorie der geschlossenen, logischen aber inkorrekten Antwortzusammensetzungen gezählt.

Als nicht logische und inkorrekte Antwortkonstellation wird ein „auf jeden Fall“ oder „wahrscheinlich“ toter Patient in Szenario 2 und 3 und ein „eher unwahrscheinlich“ oder nicht toter Patient in Szenario 1, wenn zugleich Unterpunkt 6 und 8 bei der Frage, wann ein Mensch hirntot ist, mit „auf jeden Fall“ oder „wahrscheinlich“ beantwortet wird, gewertet. Außerdem wird ein Patient, welcher in Szenario 1 und 3 als „auf jeden Fall“ oder „wahrscheinlich“ tot und in Szenario 2 als „eher unwahrscheinlich“ oder nicht tot markiert wird und die Hirntodesfrage in Unterpunkt 6 und 8 mit „auf jeden Fall“ oder „wahrscheinlich“ markiert wird, als nicht logisch und inkorrekte Zusammensetzung eingestuft. Zuletzt gehört zu dieser Kategorie auch eine Zusammensetzung bei welcher der Patient in Szenario 1 und 2 als „eher unwahrscheinlich“ oder nicht tot und in Szenario 3 als „auf jeden Fall“ oder „wahrscheinlich“ tot eingestuft wird und in Unterpunkt 6 und 8 der Frage nach den Hirntodeskriterien mit „auf jeden Fall“ oder „wahrscheinlich“ gekennzeichnet wird.

Für jede Konstellation wird eine neue Variable in jeder Befragtengruppe gebildet. Alle Zahlenangaben erfolgen in Prozent. Es werden nur die Zusammensetzungen aufgeführt, die auch beantwortet werden.

Aus der Gruppe der Allgemeinbevölkerung beurteilen 9,6% den Patienten entsprechend der medizinisch korrekten Bezeichnung im ersten Szenario als „auf jeden Fall“, im zweiten und dritten Szenario als nicht tot und stimmen beiden untersuchten Hirntodunterpunkten mit „auf jeden Fall“ hirntot zu, was in Tabelle 8 wiedergegeben wird.

Eine nicht korrekte Konstellation, jedoch eine geschlossene logische Antwort, wobei der Patient in Szenario 1 und 2 als „auf jeden Fall“, in Szenario 3 als nicht tot bezeichnet wird und die beiden einbezogenen Hirntodunterpunkte mit „auf jeden Fall“ hirntot markiert werden, wird von 3,2% genannt. 1,3% geben an, dass der Patient in allen drei Szenarien „auf jeden Fall“ tot ist und auch „auf jeden Fall“ hirntot in Unterpunkt 6 und 8 der Hirntodfrage ist.

Es werden keine inkorrekten und nicht logischen Antworten in Zusammenhang mit den persönlichen Hirntodkriterien und den beschriebenen Unterpunkten gegeben.

19,5% der befragten Anästhesisten beurteilen den Patienten medizinisch korrekt und markieren in den untersuchten Unterpunkten der Hirntodfrage „auf jeden Fall“ hirntot. Hierbei wird die Person in Szenario 1 als „auf jeden Fall“ und in Szenario 2 und 3 als nicht tot aufgeführt. Tabelle 8 stellt dieses Ergebnis dar.

Geschlossen logisch, aber nicht medizinisch korrekt wird von 1,2% der Patient in Szenario 1 und 2 als „auf jeden Fall“, in Szenario 3 als nicht tot und die Unterpunkte der Hirntodfrage als „auf jeden Fall“ angegeben. Inkorrekte, unlogische Antworten in Verbindung mit den Unterpunkten der Hirntodfrage liegen nicht vor.

Eine medizinisch korrekte Antwort, bei welcher der Patient in Szenario 1 „auf jeden Fall“, in Szenario 2 und 3 nicht tot ist und bei der persönlichen Definition von Hirntod in Unterpunkt 6 und 8 „auf jeden Fall“ hirntot angegeben wird, wird von 9,6% der befragten Medizinstudenten kenntlich gemacht, siehe Tabelle 8.

0,7% geben eine logische aber nicht medizinisch korrekte Konstellation von Antworten an. Hier wird in Szenario 1 und 2 der Patient als „auf jeden Fall“ und in Szenario 3 als nicht tot bezeichnet, zudem werden beide Unterpunkte der Hirntodfrage mit „auf jeden Fall“ hirntot angekreuzt. Eine weitere geschlossen logische, jedoch medizinisch nicht richtige Zusammensetzung wird von 0,7% aufgeführt. Bei dieser Beschreibung ist der Patient in allen drei Szenarien „wahrscheinlich“ tot und die Unterpunkte in Bezug auf den Hirntod werden mit „wahrscheinlich“ hirntot notiert. Es werden keine inkorrekten, nicht logischen Antworten in Zusammenhang mit den untersuchten Unterpunkten der Hirntodfrage beschrieben.

Als letztes wird die Gruppe der Allgemeinärzte untersucht. 15,4% der Allgemeinärzte geben in Szenario 1 den Patienten als „auf jeden Fall“, in Szenario 2 und 3 als nicht tot an und markieren die untersuchten Unterpunkte der Hirntodfrage mit „auf jeden Fall“ hirntot. Somit geben diese 15,4% die richtige medizinische Definition mit entsprechend richtigen Hirntodkriterien an. Tabelle 8 spiegelt dies wider.

Es liegen keine geschlossen logischen oder nicht logischen medizinischen inkorrekten Antwortkonstellationen mit den untersuchten Unterpunkten mit der Frage nach der persönlichen Definition von Hirntod vor.

Tabelle 8: Medizinisch korrekte Todeskriterien und Zustimmung zu den Hirntodkriterien (jeweils definitiv)

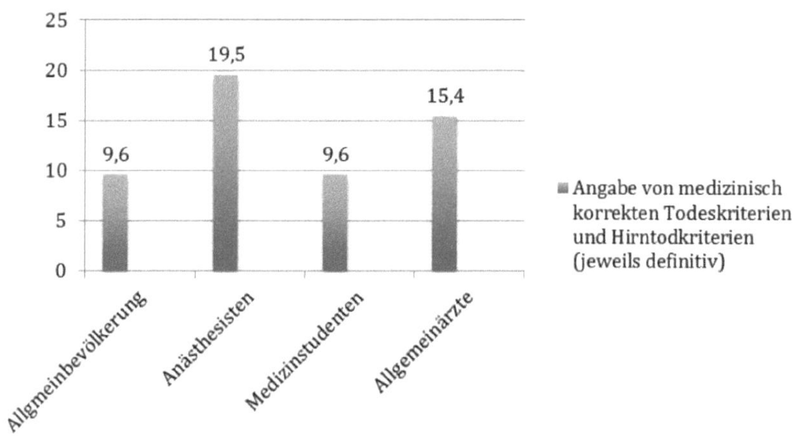

6.5 Szenarienergebnisse

Im Allgemeinen wird hier überprüft, ob die Befragten den fiktiven Patienten in den Szenarien als tot oder lebendig einstufen und unter welchen Bedingungen diese bereit wären, dessen Organe zur Spende freizugeben. Zunächst wird gefragt, ob der Patient von den Befragten in Szenario 1 bzw. Szenario 2 bzw. Szenario 3 als definitiv („ja“), „wahrscheinlich“, „eher unwahrscheinlich“ oder nicht („nein“) tot angesehen wird. Auch „weiß nicht“ gibt es als Antwortmöglichkeit. Folgend sind mehrere Bedingungen bei der Frage „Würden Sie die Organe des genannten Patienten entnehmen lassen, wenn…“ zur Auswahl. Ankreuzen kann man hierbei „ja“, „wahrscheinlich“, „eher unwahrscheinlich“, „nein“ und „weiß nicht“. Bei jedem Szenario sind die gleichen Entnahmebedingungen aufgeführt. Die genaue Darstellung der Unterpunkte kann unter 5.3 Beschreibung des Fragebogens eingesehen werden. Pro dargestellte Zusammensetzung und Befragtengruppe wird eine neue Variable erstellt. Zur besseren Übersicht werden im Folgenden nur Prozentzahlen angegeben. Es werden nur die Zusammensetzungen aufgeführt, die auch beantwortet werden.

Zunächst wird betrachtet, ob der Patient in Szenario 1 als nicht tot („nein“)angesehen wird und ob dessen Organe unter einer Bedingung gespendet werden. Des Weiteren, ob der Patient „eher unwahrscheinlich“ tot ist und ob dessen Organe unter der einen oder anderen Bedingung „eher unwahrscheinlich“ entnommen werden würden. Anschließend wird dargestellt, ob der Patient nicht („nein“) tot ist und ob definitiv nicht oder „eher unwahrscheinlich“ eine Organspende unter allen dargestellten Voraussetzungen in Frage kommt. Zuletzt, ob der Patient nicht oder „eher unwahrscheinlich“ tot ist und eine Organentnahme zur Spende nicht oder „eher unwahrscheinlich“ in jedem Unterpunkt in Frage kommt.

Als nächstes wird aufgeführt, ob der Patient in Szenario 1 als definitiv („ja“) tot gilt und eine Organspende in einem der Unterpunkte nicht in Frage kommt, bzw. „eher unwahrscheinlich“ in Betracht gezogen wird. Ob der Patient in Szenario 1 definitiv („ja“) tot ist und eine Organentnahme nicht oder „eher unwahrscheinlich“ in allen Bedingungen genannt wird, wird ebenfalls erläutert. Des Weiteren wird dargestellt, ob der Patient „wahrscheinlich“ tot ist und eine Spende nicht oder „eher unwahrscheinlich“ bei jedem Unterpunkt in Frage kommt. Folgend wird aufgeführt, ob der Patient definitiv („ja“) oder „wahrscheinlich“ tot ist und eine Spende nicht („nein“) oder „eher unwahrscheinlich“ in allen Bedingungen möglich ist.

Zudem wird dargestellt, ob der Patient in Szenario 1 nicht („nein“) tot ist und eine Spende unter einer der Bedingungen angestrebt wird. Wie viele der Befragten angeben, dass der Patient in Szenario 1 „eher unwahrscheinlich“ tot ist und eine Spende „wahrscheinlich“ unter einer der Bedingungen erfüllt wird, ist der darauffolgende Punkt. Auch wird betrachtet, ob der Patient in Szenario 1 nicht („nein“) bzw. „eher unwahrscheinlich“ tot ist und eine Organspende definitiv („ja“) oder „wahrscheinlich“ in allen Unterpunkten markiert wird. Außerdem wird aufgeführt, wie viele den Patienten in Szenario 1 als nicht („nein“) oder „eher unwahrscheinlich“ tot ansehen und mit einer Organspende definitiv („ja“) oder „wahrscheinlich“ in jeder Bedingung einverstanden sind.

Zudem wird angegeben, ob der Patient in Szenario 1 nicht („nein“) tot ist und einer Organspende in dem ersten Unterpunkt definitiv („ja“) zugesagt wird. Anschließend wird dargestellt, ob der Patient in Szenario 1 „eher unwahrscheinlich“ tot ist und eine Entnahme der Organe „wahrscheinlich“ im ersten Unterpunkt zugestimmt wird. Dieses Schema mit einem nicht totem Patienten und einer definitiven oder einem „eher unwahrscheinlich“ toten Patienten und einer wahrscheinlichen Organspende wird in den Unterpunkten zwei bis sieben wiederholt, um eine genauere Aussage zur Spendebereitschaft treffen zu können.

Zur weiteren Analyse wird herangezogen, ob der Patient in Szenario 1 definitiv tot ist und eine Organspende in dem einen oder anderen Unterpunkt auch definitiv („ja“) angekreuzt wird. Zudem, ob der Patient „wahrscheinlich“ tot ist und eine Entnahme der Organe auch „wahrscheinlich“ in einem der Unterpunkte in Betracht gezogen wird. Auch wird kenntlich gemacht, wie viele den Patienten in Szenario 1 als tot ansehen und eine Spende definitiv („ja“) oder „wahrscheinlich“ in jedem Unterpunkt markieren. Dies folgt mit einem „wahrscheinlich“ totem Patienten und einer definitiven („ja“) oder wahrscheinlichen Organentnahme in allen Unterpunkten. Ein Patient, der definitiv („ja“) oder „wahrscheinlich“ tot ist und bei dem eine Organspende definitiv („ja“) oder „wahrscheinlich“ unter jeder Bedingung in Frage kommt, wird ebenso dargestellt.

Folgend wird auch hier zur genaueren Differenzierung ein toter Patient in Szenario 1 und eine definitive Organspende in Unterpunkt eins als auch ein „wahrscheinlich“ toter Patient und eine wahrscheinliche Spende aufgeführt. Dieses Muster folgt für Unterpunkt zwei bis sieben.

Insgesamt wird diese Beschreibung der Auswertung für Szenario 1 auch für Szenario 2 mit den jeweiligen Bedingungen und für Szenario 3 und dessen Bedingungen dargestellt und ausgewertet.

Abschließend wird die Bereitschaft zur Spende in allen drei Szenarien gleichzeitig bewertet. Hierfür wird erneut für jede Befragtengruppe pro untersuchtem Ereignis eine neue Variable gebildet. Die Zahlenangaben erfolgen in Prozent.

Zuerst wird aufgelistet, wie viel Prozent der Befragten definitiv und absolut keine Spendebereitschaft, unter keinem Szenario und unter keiner Bedingung zeigen. Es folgt welche Anzahl der Befragten „wahrscheinlich“ keine Spendebereitschaft, in keinem Szenario und unter keiner Bedingung aufweisen.

Es wird aufgeführt, wie viele zur Spende in mindestens einem der drei Szenarien und unter mindestens einer Bedingung zustimmen. Ebenso wird hier unterschieden, ob die Spende „auf jeden Fall“ oder „wahrscheinlich“ erlaubt wird.

Zuletzt wird die Anzahl der Befragten aufgelistet, die in allen drei Szenarien unter jeder Bedingung, d.h. „auf jeden Fall“ und „wahrscheinlich“ spendebereit sind.

6.5.1 Szenarienergebnisse der Allgemeinbevölkerungsgruppe

Im nachstehenden Abschnitt werden die Szenarienergebnisse aus der Gruppe der Allgemeinbevölkerung dargestellt.

6.5.1.1 Ergebnisse von Szenario 1 der Allgemeinbevölkerungsgruppe

Zu Beginn werden die Konstellationen zum ersten Szenario, in dem ein hirntoter Patient dargestellt wird, erörtert. 5,7% der Befragten aus der Gruppe der Allgemeinbevölkerung halten diesen Patienten für nicht tot und sind definitiv zu keiner Spende in dem einen oder anderen Unterpunkten der Spendebereitschaft bereit, siehe Tabelle 9.

1,9% der Befragten erachten ihn für „eher unwahrscheinlich“ tot und es kommt für sie „eher unwahrscheinlich“ eine Organentnahme in dem einen oder anderen Unterpunkt in Frage. Der Patient wird von 0,6% für nicht tot gehalten und es kommt nicht noch „eher unwahrscheinlich“ eine Organentnahme in jedem Unterpunkt in Betracht. Ebenfalls 0,6% sehen den Patienten als „eher unwahrscheinlich“ tot an, bei einer ablehnenden oder eher unwahrscheinlichen Einstellung zur Organspende unter allen Bedingungen. 1,3% der Teilnehmer beurteilen diesen als nicht oder „eher unwahrscheinlich“ tot und sind zu keiner definitiven noch eher unwahrscheinlichen Spende in allen Unterpunkten bereit.

43,9% kreuzen an, dass der Patient in Szenario 1 definitiv tot ist und sie dessen Organe definitiv nicht spenden würden in einem oder einem anderen Unterpunkt. Dies spiegelt Tabelle 9 wieder.

Tabelle 9: Allgemeinbevölkerung: Keine Spende bei lebenden Patienten (jeweils definitiv) in einem der Unterpunkte in Szenario 1 und keine Spende bei toten Patienten (jeweils definitiv) in einem der Unterpunkte in Szenario 1 (in Prozentzahlen)

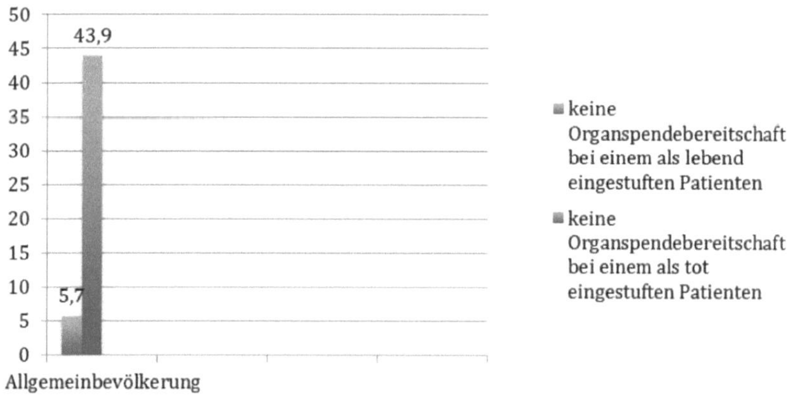

Ein „wahrscheinlich“ toter Patient mit eher unwahrscheinlicher Spendebereitschaft wird von 14,6% der Befragten in einem oder den anderen Unterpunkt angegeben. 1,3% kreuzen an, der Patient sei „wahrscheinlich“ tot und eine Organentnahme kommt nicht oder „eher unwahrscheinlich“ in allen Unterpunkten in Frage. Ebenfalls 1,3% beschreiben den Patienten als „wahrscheinlich“ oder definitiv tot und stimmen einer Spende in jeder Bedingung „eher unwahrscheinlich“ oder definitiv nicht zu.

5,1% beschreiben den Patienten in Szenario 1 als nicht tot und stimmen einer Organentnahme in einem der Unterpunkte definitiv zu.

1,9% kreuzen an, der Patient sei „eher unwahrscheinlich“ tot und sind zu einer Spende „wahrscheinlich“ in dem einen oder anderen Unterpunkt bereit. Des Weiteren wird dargestellt, bei welchem Unterpunkt genau einer Organspende eines lebenden Patienten zugesagt wird. 1,3% führen auf, die Organe definitiv in Unterpunkt eins zu spenden bei einem nicht toten Patienten. 0,6% erlauben „wahrscheinlich“ die Entnahme bei einem „eher unwahrscheinlich“ toten Patienten in Unterpunkt eins. Bei Unterpunkt zwei stellen 5,1% den Patienten als nicht tot dar und spenden die Organe definitiv. 0,6% beschreiben den Patienten als „eher unwahrscheinlich“ tot und geben eine wahrscheinliche

Spendebereitschaft in Unterpunkt zwei an. 1,3% nennen den Patienten als nicht tot und erlauben definitiv eine Organentnahme in Unterpunkt drei. Ebenfalls 1,3% geben an, der Patient sei „eher unwahrscheinlich" tot und legen eine wahrscheinliche Organentnahme in Unterpunkt drei dar. In Unterpunkt vier bezeichnen 1,9% den Patienten als nicht tot und geben eine definitive Organspende an. Ebenfalls in diesem Punkt beschreiben 0,6% den Patienten als „eher unwahrscheinlich" tot mit einer wahrscheinlichen Spende. Weitere 0,6% stufen den Patienten in Unterpunkt fünf als nicht tot ein und stimmen einer Organentnahme zu. Die Ergebnisse dieser Unterpunkte stellt Tabelle 10 dar.

Tabelle 10: Allgemeinbevölkerung: Ergebnisse der Unterpunkte bei einer Spende bei einem lebenden Patienten in Szenario 1

Es kommt zu einer Spende, wenn...	definitiv lebend u. definitiv Spende	wahrscheinlich lebend u. wahrscheinlich Spende
ein Organspendeausweis mit Einwilligung vorliegt und die Angehörigen nicht erreichbar sind	1,3%	0,6%
ein Organspendeausweis mit Einwilligung vorliegt und die Angehörigen damit einverstanden sind	5,1%	0,6%
ein Organspendeausweis mit Einwilligung vorliegt, aber die Angehörigen nicht einverstanden sind	1,3%	1,3%
kein Organspendeausweis vorliegt, aber die Angehörigen damit einverstanden sind	1,9%	0,6%
kein Organspendeausweis vorliegt, die Angehörigen nicht erreichbar sind, aber ein anderer Patient dringend diese Organe zum Überleben benötigt	0,6%	0
kein Organspendeausweis vorliegt, die Angehörigen nicht einverstanden sind, jedoch ein anderer Patient dringend diese Organe zum Überleben benötigt	0	0
dieser im Vorfeld eine Spende abgelehnt hat, aber ein anderer Patient dringend dessen Organe zum Überleben benötigt	0	0

54,1% der Allgemeinbevölkerung geben an, der Patient in Szenario 1 sei tot und sind zu einer Organspende in einem oder einem anderen Unterpunkt bereit.

17,8% beurteilen den Patienten als „wahrscheinlich“ tot und befürworten eine Spende „wahrscheinlich“ in dem einem oder dem anderen Unterpunkt. Eine definitive oder wahrscheinliche Organentnahme bei einem toten Patienten wird von 3,2% unter jeder Bedingung bejaht. 1,3% markieren eine definitive oder wahrscheinliche Spende in allen Bedingungen bei einem „wahrscheinlich“ toten Patienten. Zusammenfassend geben 4,5% eine definitive oder wahrscheinliche Spende bei einem toten oder „wahrscheinlich“ toten Patienten in jedem Unterpunkt an. Anschließend wird aufgelistet, bei welchem Unterpunkt eine Spendebereitschaft herrscht. 40,8% beschreiben den Patienten als tot und sind definitiv zu einer Spende in Unterpunkt eins bereit. 8,9% geben eine wahrscheinliche Spende bei einem „wahrscheinlich“ toten Patienten in Unterpunkt eins an. In Unterpunkt zwei nennen 50,3% den Patienten tot und willigen in eine Organentnahme ein. 3,2% halten den Patienten für „wahrscheinlich“ tot und geben eine wahrscheinliche Spendebereitschaft an. 29,9% stufen den Patienten als tot ein und begrüßen eine Spende in Unterpunkt drei. 5,7% markieren eine wahrscheinliche Spende bei einem „wahrscheinlich“ toten Patienten in Unterpunkt drei. In Unterpunkt vier machen 31,2% eine Spende bei einem toten Patienten kenntlich. 7,0% klassifizieren den Patienten in diesem Unterpunkt als „wahrscheinlich“ tot und geben eine wahrscheinliche Entnahme von Organen an. Eine Spende bei einem toten Patienten wird von 5,7% in Unterpunkt fünf aufgeführt. 3,8% betrachten den Patienten in Unterpunkt fünf als „wahrscheinlich“ tot und sind ebenso „wahrscheinlich“ zu einer Entnahme bereit. Weitere 3,8% beurteilen den Patienten in Unterpunkt sechs als tot und bewilligen eine Organentnahme. 2,5% sagen aus, der Patient sei „wahrscheinlich“ tot und kreuzen eine wahrscheinliche Entnahme in diesem Unterpunkt an. In Unterpunkt sieben sind 1,9% mit einer Spende bei einem toten Patienten einverstanden und 1,3% befürworten eine wahrscheinliche Spende bei einem „wahrscheinlich“ toten Patienten in selbigen Unterpunkt. Die Ergebnisse der Unterpunkte werden in Tabelle 11 vorgestellt.

Tabelle 11: Allgemeinbevölkerung: Ergebnisse der Unterpunkte bei einer Spende bei einem toten Patienten in Szenario 1

Es kommt zu einer Spende, wenn...	definitiv tot u. definitiv Spende	wahrscheinlich tot u. wahrscheinlich Spende
ein Organspendeausweis mit Einwilligung vorliegt und die Angehörigen nicht erreichbar sind	40,8%	8,9%
ein Organspendeausweis mit Einwilligung vorliegt und die Angehörigen damit einverstanden sind	50,3%	3,2%
ein Organspendeausweis mit Einwilligung vorliegt, aber die Angehörigen nicht einverstanden sind	29,9%	5,7%
kein Organspendeausweis vorliegt, aber die Angehörigen damit einverstanden sind	31,2%	7,0%
kein Organspendeausweis vorliegt, die Angehörigen nicht erreichbar sind, aber ein anderer Patient dringend diese Organe zum Überleben benötigt	5,7%	3,8%
kein Organspendeausweis vorliegt, die Angehörigen nicht einverstanden sind, jedoch ein anderer Patient dringend diese Organe zum Überleben benötigt	3,8%	2,5%
dieser im Vorfeld eine Spende abgelehnt hat, aber ein anderer Patient dringend dessen Organe zum Überleben benötigt	1,9%	1,3%

6.5.1.2 Ergebnisse von Szenario 2 der Allgemeinbevölkerungsgruppe

In Szenario 2 wird ein Patient im Koma beschrieben. 39,5% aus der Allgemeinbevölkerungsgruppe stufen den Patienten in Szenario 2 als nicht tot ein und sind zu keiner Organspende in einem der Unterpunkte bereit. Tabelle 11 legt dies dar.

9,6% kennenzeichen den Patienten als „eher unwahrscheinlich“ tot und sind „eher unwahrscheinlich“ für eine Organentnahme in dem einen oder anderen Unterpunkt. 28,0% machen den Patienten als nicht tot kenntlich und entscheiden sich definitiv und „eher unwahrscheinlich“ gegen eine Spende in allen Unterpunkten. Der Patient wird von 5,7%

als „eher unwahrscheinlich“ tot markiert und diese sind ebenfalls definitiv oder „eher unwahrscheinlich“ gegen eine Entnahme unter jeder Bedingung. Insgesamt sind 33,8% „eher unwahrscheinlich“ oder nicht gegen eine Organspende bei jeder Bedingung und nennen den Patienten nicht oder „eher unwahrscheinlich“ tot.

9,6% führen den Patienten in Szenario 2 als tot auf und sind definitiv gegen eine Organentnahme in dem einemn oder anderen Unterpunkt, siehe Tabelle 12.

Tabelle 12: Allgemeinbevölkerung: Keine Spende bei lebenden Patienten (jeweils definitiv) in einem der Unterpunkte in Szenario 2 und keine Spende bei toten Patienten (jeweils definitiv) in einem der Unterpunkte in Szenario 2 (in Prozentzahlen)

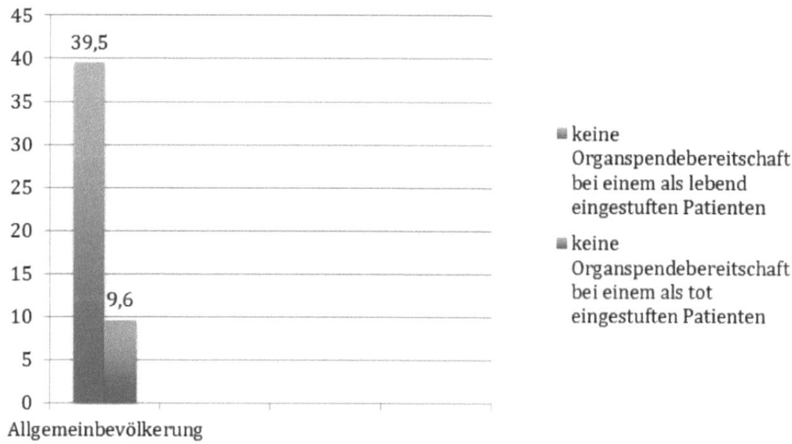

11,5% sind „eher unwahrscheinlich“ für eine Spende von Organen bei einem „wahrscheinlich“ toten Patienten in einem der Unterpunkte. 1,3% markieren den Patienten als „wahrscheinlich“ tot und geben keine oder eine eher unwahrscheinliche Spendebereitschaft unter jeder Bedingung an. Insgesamt beurteilen 1,3% den Pateinten in Szenario 2 als tot oder „wahrscheinlich“ tot und sind nicht oder „eher unwahrscheinlich“ mit einer Organentnahme in allen Unterpunkten einverstanden.

In dem einen oder anderen Spendebereitschaftsunterpunkt wird eine Spende bei einem nicht toten Patienten von 11,5% bejaht.

5,7% geben eine „wahrscheinliche“ Organentnahme bei der einen oder anderen Bedingung bei einem „wahrscheinlich“ toten Patienten an. Bei Unterpunkt eins kennzeichnen 3,8% den Patienten als tot und entscheiden sich definitiv für eine Entnahme. 1,3% führen den Patienten in Unterpunkt eins als „eher unwahrscheinlich“ tot auf und befürworten eine wahrscheinliche Organentnahme. Eine Organspende bei einem toten Patienten wird von 10,8% in Unterpunkt zwei gutgeheißen. 3,2% nennen den Patienten für „eher unwahrscheinlich“ tot und sind „wahrscheinlich“ für eine Spende bereit. Ebenfalls 3,2% nehmen an, der Patient sei nicht tot und sind für eine Entnahme in Unterpunkt drei. Nur 1,3% beschreiben den Patienten als „eher unwahrscheinlich“ tot und sind „wahrscheinlich“ für eine Spende in Unterpunkt drei. In Unterpunkt vier kennzeichnen 4,5% den Patienten als nicht tot und spendebereit und 3,2% als „eher unwahrscheinlich“ tot und „wahrscheinlich“ spendebereit. 0,6% klassifizieren den Patienten als „eher unwahrscheinlich“ tot und bejahen eine wahrscheinliche Organentnahme in Unterpunkt fünf. Erneut sagen 0,6% aus, der Patient sei „eher unwahrscheinlich“ tot und sind mit einer Entnahme von Organen „wahrscheinlich“

Tabelle 13: Allgemeinbevölkerung: Ergebnisse der Unterpunkte bei einer Spende bei einem lebenden Patienten in Szenario 2

Es kommt zu einer Spende, wenn...	definitiv lebend u. definitiv Spende	wahrscheinlich lebend u. wahrscheinlich Spende
ein Organspendeausweis mit Einwilligung vorliegt und die Angehörigen nicht erreichbar sind	3,8%	1,3%
ein Organspendeausweis mit Einwilligung vorliegt und die Angehörigen damit einverstanden sind	10,8%	3,2%
ein Organspendeausweis mit Einwilligung vorliegt, aber die Angehörigen nicht einverstanden sind	3,2%	1,3%
kein Organspendeausweis vorliegt, aber die Angehörigen damit einverstanden sind	4,5%	3,2%
kein Organspendeausweis vorliegt, die Angehörigen nicht erreichbar sind, aber ein anderer Patient dringend diese Organe zum Überleben benötigt	0	0,6%

kein Organspendeausweis vorliegt, die Angehörigen nicht einverstanden sind, jedoch ein anderer Patient dringend diese Organe zum Überleben benötigt	0	0
dieser im Vorfeld eine Spende abgelehnt hat, aber ein anderer Patient dringend dessen Organe zum Überleben benötigt	0	0,6%

12,7% halten den Patienten in Szenario 2 für tot und sind zu einer Spende in dem einen oder anderen Unterpunkt bereit.

16,6% beurteilen den Patienten als „wahrscheinlich" tot und bewilligen „wahrscheinlich" eine Organentnahme in einem der Unterpunkte. 1,3% sind bei einem toten Patienten für eine definitive oder wahrscheinliche Spende in jedem Unterpunkt. 1,9% folgen zuletzt genannter Konstellation bei einem „wahrscheinlich" toten Patienten. 3,2% stufen den Patienten als tot oder „wahrscheinlich" tot ein und bejahen eine definitive oder wahrscheinliche Spende bei jedem Unterpunkt. Es sind 11,5% mit einer Spende bei einem toten Patienten in Unterpunkt eins einverstanden. 8,3% erlauben eine „wahrscheinliche" Organentnahme in Unterpunkt eins bei einem „wahrscheinlich" toten Patienten. In Unterpunkt zwei sind 12,1% für eine Spende bei einem toten Patienten und 2,5% „wahrscheinlich" für eine Entnahme bei einem „wahrscheinlich" toten Patienten. Es erlauben 7,6% eine Spende bei einem toten Patienten und 5,7% eine „wahrscheinliche" Spende bei einem „wahrscheinlich" toten Patienten in Unterpunkt drei. Weitere 7,6% stimmen einer Organentnahme in Unterpunkt vier bei einem toten Patienten zu und 11,5% sind „wahrscheinlich" für eine Spende bei einem „wahrscheinlich" toten Patienten im selbigen Unterpunkt. 4,5% stufen den Patienten als tot ein und befürworten eine Entnahme in Unterpunkt fünf. 5,7% sind mit einer wahrscheinlichen Organentnahme in Unterpunkt fünf bei einem „wahrscheinlich" toten Patienten einverstanden. Jeweils 1,9% bewilligen eine definitive Entnahme bei einem toten Patienten und eine wahrscheinliche Spende bei einem „wahrscheinlich" toten Patienten in Unterpunkt sechs. 0,6% stimmen mit einer Entnahme von Organen bei einem toten Patienten und 2,5% mit einer wahrscheinlichen Entnahme bei einem „wahrscheinlich" toten Patienten in Unterpunkt sieben überein. Tabelle 14 gibt die Ergebnisse der Unterpunkte an.

Tabelle 14: Allgemeinbevölkerung: Ergebnisse der Unterpunkte bei einer Spende bei einem toten Patienten in Szenario 2

Es kommt zu einer Spende, wenn...	definitiv tot u. definitiv Spende	wahrscheinlich tot u. wahrscheinlich Spende
ein Organspendeausweis mit Einwilligung vorliegt und die Angehörigen nicht erreichbar sind	11,8%	8,3%
ein Organspendeausweis mit Einwilligung vorliegt und die Angehörigen damit einverstanden sind	12,1%	2,5%
ein Organspendeausweis mit Einwilligung vorliegt, aber die Angehörigen nicht einverstanden sind	7,6%	5,7%
kein Organspendeausweis vorliegt, aber die Angehörigen damit einverstanden sind	7,5%	11,5%
kein Organspendeausweis vorliegt, die Angehörigen nicht erreichbar sind, aber ein anderer Patient dringend diese Organe zum Überleben benötigt	4,5%	5,7%
kein Organspendeausweis vorliegt, die Angehörigen nicht einverstanden sind, jedoch ein anderer Patient dringend diese Organe zum Überleben benötigt	1,9%	1,9%
dieser im Vorfeld eine Spende abgelehnt hat, aber ein anderer Patient dringend dessen Organe zum Überleben benötigt	0,6%	2,5%

6.5.1.3 Ergebnisse von Szenario 3 der Allgemeinbevölkerungsgruppe

Im dritten Szenario wird ein Patient im PVS beschrieben. 66,2% der Befragten bezeichnen den Patienten als nicht tot und sind gegen Spenden in mindestens einem der Unterpunkte. 6,4% stufen den Patienten als „eher unwahrscheinlich“ tot ein und sind „eher unwahrscheinlich“ zur Spende in dem einen oder anderen Unterpunkt bereit. Tabelle 15 spiegelt dies wieder.

51,6% nennen den Patienten nicht tot und lehnen eine Spende definitiv oder „eher unwahrscheinlich“ in jedem der Unterpunkte ab. 4,5% führen den Patienten als „eher unwahrscheinlich“ tot auf und widersprechen absolut oder wahrscheinlich einer Organspende in den Bedingungen. Insgesamt 56,1% markieren den Patienten als nicht oder „eher unwahrscheinlich“ tot und sind definitiv oder „eher unwahrscheinlich“ gegen eine Organentnahme in allen Bedingungen.

3,2% markieren den Patienten in Szenario 3 als tot und sind zu keiner Spende in dem einen oder anderen Unterpunkt bereit, siehe Tabelle 15.

Tabelle 15: Allgemeinbevölkerung: Keine Spende bei lebenden Patienten (jeweils definitiv) in einem der Unterpunkte in Szenario 3 und keine Spende bei toten Patienten (jeweils definitiv) in einem der Unterpunkte in Szenario 3 (in Prozentzahlen)

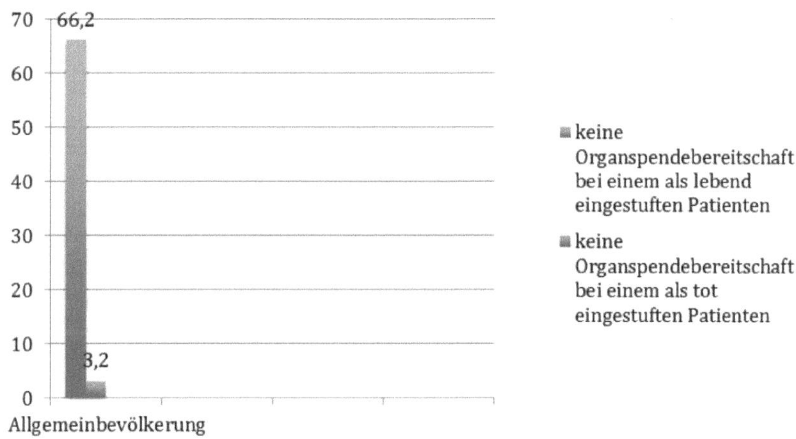

5,7% sehen den Patienten als „wahrscheinlich“ tot an und sind „eher unwahrscheinlich“ mit einer Entnahme von Organen in dem einen oder anderen Unterpunkt einverstanden. 7,6% stufen den Patienten als „wahrscheinlich“ tot ein und sind nicht oder „eher unwahrscheinlich“ in allen Bedingungen spendebereit.

14,0% klassifizieren den Patienten in Szenario 3 als nicht tot und sind zur einer Organspende in einem der Unterpunkte bereit.

19,1% erachten den Patienten als „eher unwahrscheinlich“ tot und stimmen „wahrscheinlich“ in einer der Spendebedingungen für eine Spende. Im Unterpunkt eins listen 4,5% der Befragten den Patienten als nicht tot auf und willigen in eine Organentnahme ein. Hingegen 0,6%

stufen den Patienten als „eher unwahrscheinlich“ tot ein und befürworten „wahrscheinlich“ eine Organspende in Unterpunkt eins. In Unterpunkt zwei nennen 12,1% den Patienten nicht tot und bejahen eine Organentnahme, 1,9% sehen den Patienten als „eher unwahrscheinlich“ tot an und willigen „wahrscheinlich“ in eine Spende ein. 3,2% erlauben eine Organentnahme bei einem nicht toten Patienten im Unterpunkt drei und 1,3% sind mit einer wahrscheinlichen Spende bei einem „eher unwahrscheinlich“ toten Patienten im selbigen Unterpunkt einverstanden. 4,5% begrüßen eine Organspende bei einem nicht toten und 3,8% erlauben eine wahrscheinliche Entnahme bei einem „eher unwahrscheinlich“ toten Patienten im Unterpunkt vier. Bei der fünften und sechsten Spendebedingung listen jeweils 0,6% den Patienten als nicht tot auf und sind mit einer Organspende einverstanden. Tabelle 16 legt diese Prozentzahlen dar.

Tabelle 16: Allgemeinbevölkerung: Ergebnisse der Unterpunkte bei einer Spende bei einem lebenden Patienten in Szenario 3

Es kommt zu einer Spende, wenn...	definitiv lebend u. definitiv Spende	wahrscheinlich lebend u. wahrscheinlich Spende
ein Organspendeausweis mit Einwilligung vorliegt und die Angehörigen nicht erreichbar sind	4,5%	0,6%
ein Organspendeausweis mit Einwilligung vorliegt und die Angehörigen damit einverstanden sind	12,1%	1,9%
ein Organspendeausweis mit Einwilligung vorliegt, aber die Angehörigen nicht einverstanden sind	3,2%	1,3%
kein Organspendeausweis vorliegt, aber die Angehörigen damit einverstanden sind	4,5%	3,8%
kein Organspendeausweis vorliegt, die Angehörigen nicht erreichbar sind, aber ein anderer Patient dringend diese Organe zum Überleben benötigt	0,6%	0
kein Organspendeausweis vorliegt, die Angehörigen nicht einverstanden sind, jedoch ein anderer Patient dringend diese Organe zum Überleben benötigt	0	0

dieser im Vorfeld eine Spende abgelehnt hat, aber ein anderer Patient dringend dessen Organe zum Überleben benötigt	0	0

5,1% bezeichnen den Patienten in Szenario 3 als tot und sind zu einer Organspende in mindestens einem der Unterpunkte bereit.

5,7% klassifizieren den Patienten als „wahrscheinlich" tot und sind „wahrscheinlich" mit einer Organentnahme in dem einen oder anderen Unterpunkt einverstanden. 0,6% führen den Patienten als „wahrscheinlich" tot auf und sind definitiv oder „wahrscheinlich" zu einer Spende in allen Unterpunkten bereit. Ebenfalls 0,6% sehen den Patienten als tot oder „wahrscheinlich" tot an und stimmen absolut oder „wahrscheinlich" einer Organentnahme unter allen Bedingungen zu. Im Unterpunkt eins befürworten 2,5% eine Organspende bei einem toten Patienten in Szenario 3. 3,8% sehen den Patienten als „wahrscheinlich" tot an und bejahen eine wahrscheinliche Entnahme von Organen im ersten Unterpunkt. Im Unterpunkt zwei befürworten 4,5% eine Spende bei einem toten Patienten und 1,9% eine wahrscheinliche Entnahme bei einem „wahrscheinlich" toten Patienten. 1,3% erlauben eine Spende bei einem toten Patienten in der dritten Spendebedingung und in dieser Spendebedingung wird von 2,5% der Befragten der „wahrscheinlich" tote Patient zu einer wahrscheinlichen Spende herangezogen. Im vierten Unterpunkt stimmen 3,8% einer Organentnahme bei einem toten Patienten und 2,5% einer wahrscheinlichen Spende bei einem „wahrscheinlich" toten Patienten zu. 1,9% der Befragten führen den Patienten in Unterpunkt fünf als „wahrscheinlich" tot auf und stimmen mit einer wahrscheinlichen Entnahme von Organen überein. Im letzten und siebten Unterpunkt wird der Patient von 0,6% als tot und zur Spende geeignet angesehen. Diese Ergebnisse schildert Tabelle 17.

Tabelle 17: Allgemeinbevölkerung: Ergebnisse der Unterpunkte bei einer Spende bei einem toten Patienten in Szenario 3

Es kommt zu einer Spende, wenn...	definitiv tot u. definitiv Spende	wahrscheinlich tot u. wahrscheinlich Spende
ein Organspendeausweis mit Einwilligung vorliegt und die Angehörigen nicht erreichbar sind	2,5%	3,8%

ein Organspendeausweis mit Einwilligung vorliegt und die Angehörigen damit einverstanden sind	4,5%	1,9%
ein Organspendeausweis mit Einwilligung vorliegt, aber die Angehörigen nicht einverstanden sind	1,3%	2,5%
kein Organspendeausweis vorliegt, aber die Angehörigen damit einverstanden sind	3,8%	2,5%
kein Organspendeausweis vorliegt, die Angehörigen nicht erreichbar sind, aber ein anderer Patient dringend diese Organe zum Überleben benötigt	0	1,9%
kein Organspendeausweis vorliegt, die Angehörigen nicht einverstanden sind, jedoch ein anderer Patient dringend diese Organe zum Überleben benötigt	0	0
dieser im Vorfeld eine Spende abgelehnt hat, aber ein anderer Patient dringend dessen Organe zum Überleben benötigt	0,6%	0

6.5.1.4 Spendebereitschaftsergebnisse der Allgemeinbevölkerungsgruppe

Zunächst wird untersucht, ob und wie viele aus der Befragtengruppe der Allgemeinbevölkerung definitiv keine Organspende in keiner Spendebedingung von keinem einzigen Szenario nennen. Hierbei werden alle Szenarien berücksichtigt. Absolut keine Spendebereitschaft zeigen 2,5% der Befragten.

Niemand aus der Gruppe der Allgemeinbevölkerung kreuzt an, dass sie „eher unwahrscheinlich" gegen eine Entnahme von Organen in allen Spendebedingungen aller Szenarien sind.

Anschließend wird dargestellt, ob und wie viele einer Organspende in mindestens einem der drei Szenarien unter mindestens einer Spendebedingung zustimmen. 92,4% machen kenntlich, dass sie definitiv eine Spende in mindestens einem Unterpunkt aus mindestens einem Szenario begrüßen. 3,2% befürworten mindestens eine wahrscheinliche Spende in mindestens einem Unterpunkt, wahrscheinlich aus allen drei Szenarien.

Abschließend wird aufgeführt, ob und wie viele mit einer Organspende in allen drei Szenarien unter jeder Bedingung einverstanden sind. 0,6% aus der Gruppe der Allgemeinbevölkerung sind in jedem Unterpunkt in jedem Szenario definitiv und 1,9% „wahrscheinlich" für eine Spende.

6.5.2 Szenarienergebnisse der Anästhesistengruppe

Im nächsten Abschnitt werden die Ergebnisse aus der Gruppe der Anästhesisten in Bezug auf die Szenarien und Spendebedingungen dargelegt.

6.5.2.1 Ergebnisse von Szenario 1 der Anästhesistengruppe

Im ersten Szenario wird ein toter Patient aufgeführt. 4,8% der Anästhesisten beschreiben den Patienten als nicht tot und sind in mindestens einem der Unterpunkte zur Spendebedingung gegen eine Organspende, dargestellt in Tabelle 18.

3,7% klassifizieren den Patienten als nicht tot und lehnen eine Spende ab oder sehen eine solche als „eher unwahrscheinlich“ in jedem der Unterpunkte an. Ebenfalls 3,7% beurteilen den Patienten als nicht oder „eher unwahrscheinlich“ tot und widersprechen einer Organspende bzw. bezeichnen diese als „eher unwahrscheinlich“ in allen Unterpunkten.

52,4% von den Ärztinnen und Ärzten der Anästhesie geben an, der Patient sei tot und sind in dem einen oder anderen Unterpunkt zu einer Organentnahme definitiv bereit. Dies schildert Tabelle 18.

Tabelle 18: Anästhesisten: Keine Spende bei lebenden Patienten (jeweils definitiv) in einem der Unterpunkte in Szenario 1 und keine Spende bei toten Patienten (jeweils definitiv) in einem der Unterpunkte in Szenario 1 (in Prozentzahlen)

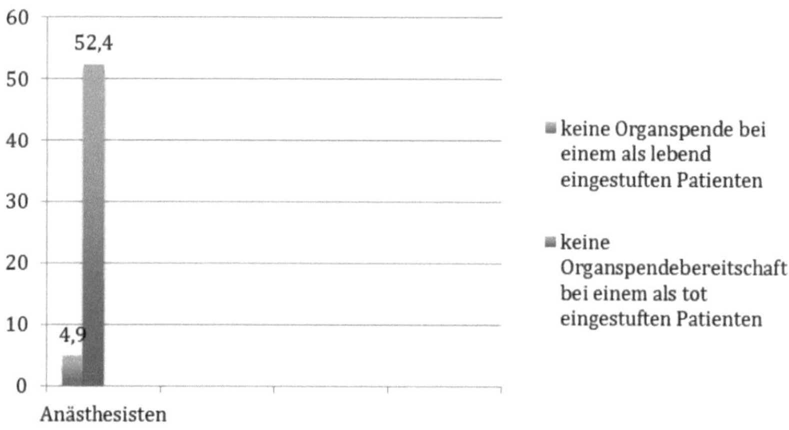

18,3% stufen diesen Patient als „wahrscheinlich“ tot ein und sind „wahrscheinlich“ in einem der Unterpunkte für eine Spende von Organen. Der Patient wird von 2,4% als „wahrscheinlich“ tot markiert und diese 2,4% der Befragten lehnen definitive oder wahrscheinlich eine Spende in allen Unterpunkten ab. Weitere 2,4% kennzeichnen, dass unter jeder Bedingung der Patient als definitiv oder „wahrscheinlich“ tot angesehen wird und eine Spende nicht oder „eher unwahrscheinlich“ stattfinden wird.

Der Patient wird von 1,2% als nicht tot angekreuzt. Diese sind zu einer Organspende in mindestens einem der Unterpunkte bereit.

1,2% geben an, dass der Patient nicht tot ist und sie mit einer Spende im zweiten Unterpunkt einverstanden sind. Auch 1,2% befürworten eine Organentnahme bei einem nicht toten Patienten im Unterpunkt vier. Tabelle 19 listet diese Ergebnisse auf.

Tabelle 19: Anästhesisten: Ergebnisse der Unterpunkte bei einer Spende bei einem lebenden Patienten in Szenario 1

Es kommt zu einer Spende, wenn...	definitiv lebend u. definitiv Spende	wahrscheinlich lebend u. wahrscheinlich Spende
ein Organspendeausweis mit Einwilligung vorliegt und die Angehörigen nicht erreichbar sind	0	0
ein Organspendeausweis mit Einwilligung vorliegt und die Angehörigen damit einverstanden sind	1,2%	0
ein Organspendeausweis mit Einwilligung vorliegt, aber die Angehörigen nicht einverstanden sind	0	0
kein Organspendeausweis vorliegt, aber die Angehörigen damit einverstanden sind	1,2%	0
kein Organspendeausweis vorliegt, die Angehörigen nicht erreichbar sind, aber ein anderer Patient dringend diese Organe zum Überleben benötigt	0	0
kein Organspendeausweis vorliegt, die Angehörigen nicht einverstanden sind, jedoch ein anderer Patient dringend diese Organe zum Überleben benötigt	0	0

dieser im Vorfeld eine Spende abgelehnt hat, aber ein anderer Patient dringend dessen Organe zum Überleben benötigt	0	0

Von 51,2% wird der Patient als tot gelistet und diese sind mit einer Organspende in dem einen oder anderen Unterpunkt einverstanden.

25,6% nehmen an, der Patient ist „wahrscheinlich“ tot und befürworten eine wahrscheinliche Entnahme von Organen in mindestens einem der Unterpunkte. In Unterpunkt eins beschreiben 25,6% den Patienten als tot und geben eine Spende an. 17,1% sagen aus, der Patient sei „wahrscheinlich“ tot und begrüßen eine Organspende „wahrscheinlich“. Im zweiten Unterpunkt sind 51,2% zur Spende bei einem toten Patienten bereit und 7,3% stimmen einer wahrscheinlichen Entnahme bei einem „wahrscheinlich“ toten Patienten zu. 19,5% legen den Patienten als tot dar und sind mit einer Organspende im dritten Unterpunkt einverstanden. In diesem Unterpunkt sagen 7,3% aus, der Patient sei „wahrscheinlich“ tot und erlauben eine Organspende „wahrscheinlich“. 37,8% markieren, dass der Patient tot ist und sie einer Spende im vierten Unterpunkt zusagen. 19,5% sehen den Patienten als „wahrscheinlich“ tot an und befürworten eine Organentnahme als „wahrscheinlich“ im vierten Unterpunkt. Von den Anästhesisten beurteilen 1,2% den Patient als tot mit einer definitiven Organspende im fünften Unterpunkt. Die Prozentzahlen werden in Tabelle 20 dargestellt.

Tabelle 20: Anästhesisten: Ergebnisse der Unterpunkte bei einer Spende bei einem toten Patienten in Szenario 1

Es kommt zu einer Spende, wenn...	definitiv tot u. definitiv Spende	wahrscheinlich tot u. wahrscheinlich Spende
ein Organspendeausweis mit Einwilligung vorliegt und die Angehörigen nicht erreichbar sind	25,6%	17,1%
ein Organspendeausweis mit Einwilligung vorliegt und die Angehörigen damit einverstanden sind	51,2%	7,3%
ein Organspendeausweis mit Einwilligung vorliegt, aber die Angehörigen nicht einverstanden sind	19,5%	7,3%

kein Organspendeausweis vorliegt, aber die Angehörigen damit einverstanden sind	37,8%	19,5%
kein Organspendeausweis vorliegt, die Angehörigen nicht erreichbar sind, aber ein anderer Patient dringend diese Organe zum Überleben benötigt	1,2%	0
kein Organspendeausweis vorliegt, die Angehörigen nicht einverstanden sind, jedoch ein anderer Patient dringend diese Organe zum Überleben benötigt	0	0
dieser im Vorfeld eine Spende abgelehnt hat, aber ein anderer Patient dringend dessen Organe zum Überleben benötigt	0	0

6.5.2.2 Ergebnisse von Szenario 2 der Anästhesistengruppe

Ein komatöser Patient wird im einleitenden Text des zweiten Szenarios beschrieben. 72,0% aus der Befragtengruppe der Anästhesisten listen diesen als lebend auf und sind zu keiner Organspende in mindestens einem der Unterpunkte bereit, siehe Tabelle 20.

4,9% markieren den Patienten als „eher unwahrscheinlich“ tot und sind „eher unwahrscheinlich“ mit einer Organentnahme einverstanden. 65,9% kennzeichnen den Patienten als nicht tot und lehnen eine Freigabe von Organen definitiv oder wahrscheinlich in jedem Unterpunkt ab. Ein „eher unwahrscheinlich“ toter Patient, dessen Organe nicht oder „eher unwahrscheinlich“ in allen Unterpunkten zu einer Spende genommen werden, wird von 4,9% der Befragten aufgeführt. Insgesamt geben 70,7% an, dass der Patient nicht oder „eher unwahrscheinlich“ tot ist und einer Organspende nicht oder „eher unwahrscheinlich“ stattgegeben wird.

2,4% halten den Patienten im zweiten Szenario für tot und lehnen eine Organspende in dem einen oder anderen Unterpunkt ab. Tabelle 21 legt dies dar.

Tabelle 21: Anästhesisten: Keine Spende bei lebenden Patienten (jeweils definitiv) in einem der Unterpunkte in Szenario 2 und keine Spende bei toten Patienten (jeweils definitiv) in einem der Unterpunkte in Szenario 2 (in Prozentzahlen)

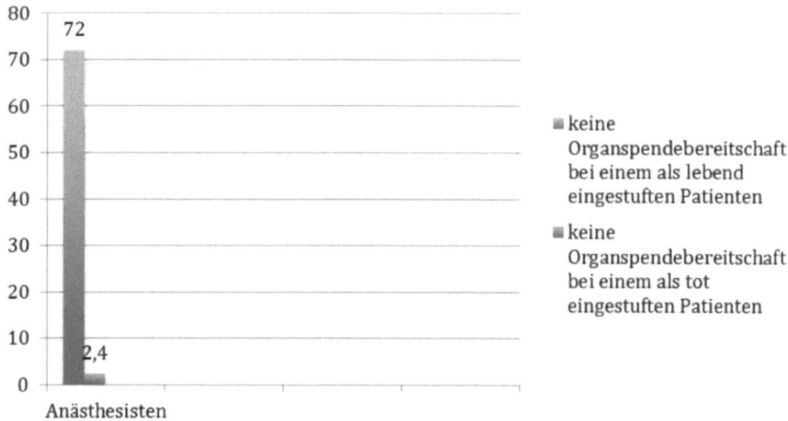

Ein „wahrscheinlich“ toter Patient bei dem es „eher unwahrscheinlich“ zu einer Entnahme von Organen in mindestens einem Unterpunkt kommt, wird von 3,7% klassifiziert. 1,2% markieren, dass der Patient „wahrscheinlich“ tot ist und eine Spende nicht oder „eher unwahrscheinlich“ erlaubt wird. Die gleiche Prozentzahl beschreibt den Patienten als tot oder „wahrscheinlich“ tot und lehnt definitiv oder „eher unwahrscheinlich“ eine Organentnahme ab.

Des Weiteren wird aufgelistet, wie viele den Patienten für lebend halten und einer Organspende zustimmen. 3,7% stufen den Patienten als nicht tot ein und sind mit einer Organentnahme in dem einen oder anderen Unterpunkt einverstanden.

Weitere 3,7% sagen einer wahrscheinlichen Spende bei einem „eher unwahrscheinlich“ toten Patienten zu. In Unterpunkt zwei befürworten 3,7% eine Entnahme von Organen bei einem nicht toten und erneut 3,7% eine wahrscheinliche Spende bei einem „wahrscheinlich“ toten Patienten. Im vierten Unterpunkt erlauben 2,4% eine Spende bei einem toten Patienten. Diese Ergebnisse macht Tabelle 22 kenntlich.

Tabelle 22: Anästhesisten: Ergebnisse der Unterpunkte bei einer Spende bei einem lebenden Patienten in Szenario 2

Es kommt zu einer Spende, wenn...	definitiv lebend u. definitiv Spende	wahrscheinlich lebend u. wahrscheinlich Spende
ein Organspendeausweis mit Einwilligung vorliegt und die Angehörigen nicht erreichbar sind	0	0
ein Organspendeausweis mit Einwilligung vorliegt und die Angehörigen damit einverstanden sind	3,7%	3,7%
ein Organspendeausweis mit Einwilligung vorliegt, aber die Angehörigen nicht einverstanden sind	0	0
kein Organspendeausweis vorliegt, aber die Angehörigen damit einverstanden sind	2,4%	0
kein Organspendeausweis vorliegt, die Angehörigen nicht erreichbar sind, aber ein anderer Patient dringend diese Organe zum Überleben benötigt	0	0
kein Organspendeausweis vorliegt, die Angehörigen nicht einverstanden sind, jedoch ein anderer Patient dringend diese Organe zum Überleben benötigt	0	0
dieser im Vorfeld eine Spende abgelehnt hat, aber ein anderer Patient dringend dessen Organe zum Überleben benötigt	0	0

In dem einen oder anderen Unterpunkt markieren 1,2% den Patienten als tot und stimmen einer Organentnahme zu.

3,7% betrachten den Patienten als „wahrscheinlich“ tot und geben in mindestens einer Spendebedingung die Organe „wahrscheinlich“ frei. Im ersten Unterpunkt stufen jeweils 1,2% den Patienten als tot mit definitiver oder wahrscheinlicher Organentnahme und als „wahrscheinlich“ tot mit wahrscheinlicher Entnahme ein. 1,2% nennen den Patienten nicht tot und sind spendebereit im zweiten Unterpunkt. 2,4% der Befragten erlauben „wahrscheinlich“ eine Organfreigabe bei einem „wahrscheinlich“ toten Patienten bei der zweiten Spendebedingung. Im dritten Unterpunkt wird der Patient von 1,2% als tot dargestellt und diese begrüßen eine Organentnahme. Im vierten Unterpunkt listen 1,2% den Patienten als tot mit definitiver Organspende und 3,7% diesen als

„wahrscheinlich“ tot bei wahrscheinlicher Entnahme von Organen auf. Tabelle 23 schildert diese Prozentzahlen.

Tabelle 23: Anästhesisten: Ergebnisse der Unterpunkte bei einer Spende bei einem toten Patienten in Szenario 2

Es kommt zu einer Spende, wenn...	definitiv tot u. definitiv Spende	wahrscheinlich tot u. wahrscheinlich Spende
ein Organspendeausweis mit Einwilligung vorliegt und die Angehörigen nicht erreichbar sind	1,2%	1,2%
ein Organspendeausweis mit Einwilligung vorliegt und die Angehörigen damit einverstanden sind	1,2%	2,4%
ein Organspendeausweis mit Einwilligung vorliegt, aber die Angehörigen nicht einverstanden sind	1,2%	0
kein Organspendeausweis vorliegt, aber die Angehörigen damit einverstanden sind	1,2%	3,7%
kein Organspendeausweis vorliegt, die Angehörigen nicht erreichbar sind, aber ein anderer Patient dringend diese Organe zum Überleben benötigt	0	0
kein Organspendeausweis vorliegt, die Angehörigen nicht einverstanden sind, jedoch ein anderer Patient dringend diese Organe zum Überleben benötigt	0	0
dieser im Vorfeld eine Spende abgelehnt hat, aber ein anderer Patient dringend dessen Organe zum Überleben benötigt	0	0

6.5.2.3 Ergebnisse von Szenario 3 der Anästhesistengruppe

Im letzten Szenario wird ein lebender Patient im PVS vorgestellt. 86,6% halten in mindestens einem der Unterpunkte den Patienten für nicht tot und lehnen eine Organspende ab, was in Tabelle 23 wiedergegeben wird.

84,1% widersprechen einer definitiven oder wahrscheinlichen Organentnahme bei einem nicht toten Patienten in jedem Unterpunkt. Bei einem „eher unwahrscheinlich“ toten Patienten kommt es bei 4,9% der Befragten nicht oder „eher unwahrscheinlich“ zu einer Spende in allen

Unterpunkten. Zusammenfassend stufen 89,0% den Patienten in Szenario 3 als nicht oder „eher unwahrscheinlich“ tot ein und stimmen einer Organentnahme nicht oder „eher unwahrscheinlich“ in den gesamten Unterpunkten zu.

Nur 8,5% kreuzen an, dass der Patient „wahrscheinlich“ tot ist und es nicht bzw. „eher unwahrscheinlich“ zu einer Organentnahme in allen Unterpunkten kommt.

Der Patient wird von 1,2% als nicht tot aufgeführt. Diese begrüßen eine Organspende in dem einen oder anderen Unterpunkt, siehe Tabelle 24.

Tabelle 24: Anästhesisten: Keine Spende bei lebenden Patienten (jeweils definitiv) in einem der Unterpunkte in Szenario 3 und keine Spende bei toten Patienten (wahrscheinlich/eher unwahrscheinlich) in einem der Unterpunkte in Szenario 3 (in Prozentzahlen)

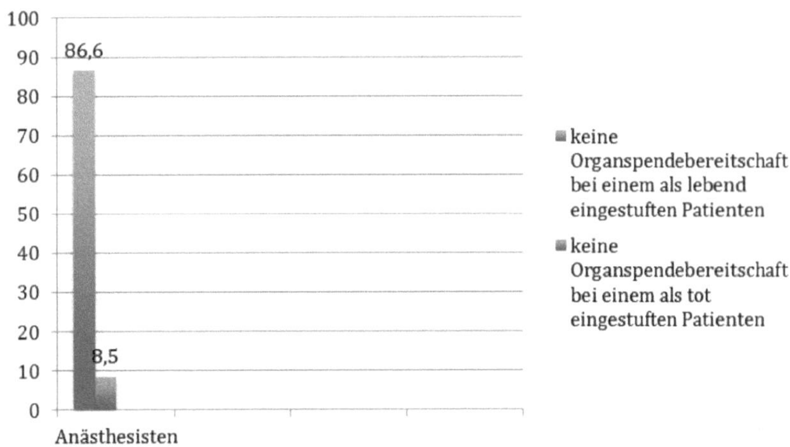

In Unterpunkt zwei bewilligen 1,2% eine Organentnahme bei einem nicht toten Patienten. Weitere 1,2% erlauben eine Spende bei einem nicht toten Patienten im vierten Unterpunkt. Tabelle 25 gibt diese Ergebnisse wieder.

Tabelle 25: Anästhesisten: Ergebnisse der Unterpunkte bei einer Spende bei einem lebenden Patienten in Szenario 3

Es kommt zu einer Spende, wenn...	definitiv lebend u. definitiv Spende	wahrscheinlich lebend u. wahrscheinlich Spende
ein Organspendeausweis mit Einwilligung vorliegt und die Angehörigen nicht erreichbar sind	0	0
ein Organspendeausweis mit Einwilligung vorliegt und die Angehörigen damit einverstanden sind	1,2%	0
ein Organspendeausweis mit Einwilligung vorliegt, aber die Angehörigen nicht einverstanden sind	0	0
kein Organspendeausweis vorliegt, aber die Angehörigen damit einverstanden sind	1,2%	0
kein Organspendeausweis vorliegt, die Angehörigen nicht erreichbar sind, aber ein anderer Patient dringend diese Organe zum Überleben benötigt	0	0
kein Organspendeausweis vorliegt, die Angehörigen nicht einverstanden sind, jedoch ein anderer Patient dringend diese Organe zum Überleben benötigt	0	0
dieser im Vorfeld eine Spende abgelehnt hat, aber ein anderer Patient dringend dessen Organe zum Überleben benötigt	0	0

Keiner aus der Gruppe der Anästhesisten markiert, dass der Patient in Szenario 3 tot ist und eine Organspende befürwortet wird.

6.5.2.4 Spendebereitschaftsergebnisse der Anästhesistengruppe

4,9% der Anästhesisten sind zu keiner Organspende unter keiner Bedingung und in keinem Szenario bereit. Niemand stimmt „eher unwahrscheinlich“ zu einer Organentnahme in jedem Szenario in jedem Unterpunkt zu.

79,3% sind definitiv und 8,5% „wahrscheinlich“ mit einer Spende von Organen in mindestens einem Szenario unter mindestens einer Bedingung einverstanden.

Des Weiteren gibt es keinen der Befragten, welcher immer, in allen drei Szenarien und unter jeder Bedingung definitiv oder „wahrscheinlich“ einer Organspende zusagt.

6.5.3 Szenarienergebnisse der Medizinstudentengruppe

In den folgenden vier Punkten werden die Ergebnisse der Medizinstudentinnen und Medizinstudenten der FSU Jena veranschaulicht.

6.5.3.1 Ergebnisse von Szenario 1 der Medizinstudentengruppe

Der hirntote Patient im Szenario 1 wird von 1,5% der Medizinstudenten als „eher unwahrscheinlich“ tot kenntlich gemacht und diese stimmen „eher unwahrscheinlich“ einer Organentnahme in dem einen oder anderen Unterpunkt zur Spendebereitschaft zu. 0,7% geben an, der Patient sei „eher unwahrscheinlich“ tot und sind definitiv oder „eher unwahrscheinlich“ gegen eine Organspende in jedem Unterpunkt. Ebenfalls 0,7% lehnen definitiv oder wahrscheinlich eine Entnahme von Organen bei einem nicht oder „eher unwahrscheinlich“ toten Patienten in allen Unterpunkten ab.

43,0% stufen den Patienten in Szenario 1 als tot ein und sind definitiv in mindestens einem der Unterpunkte gegen eine Organspende. Tabelle 26 macht das kenntlich.

23,0% geben an, der Patient sei „wahrscheinlich“ tot und lehnen wahrscheinlich eine Entnahme von Organen in dem einen oder anderen Unterpunkt ab[74].

Tabelle 26: Medizinstudenten: Keine Spende bei lebenden Patienten (eher unwahrscheinlich/wahrscheinlich) in einem der Unterpunkte in Szenario 1 und keine Spende bei toten Patienten (jeweils definitiv) in einem der Unterpunkte in Szenario 1 (in Prozentzahlen)

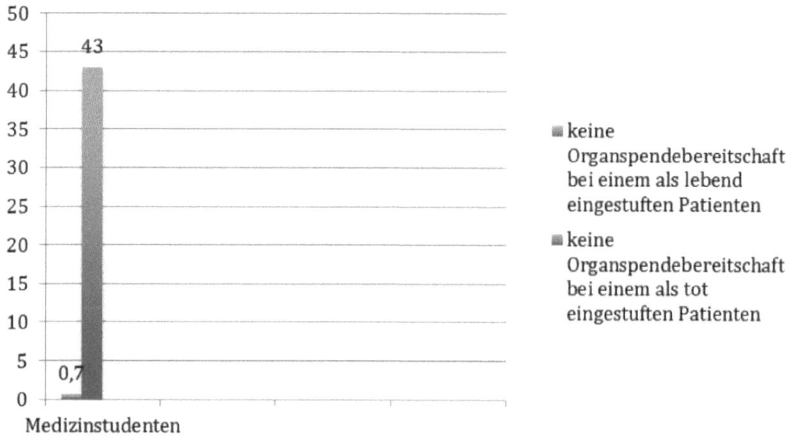

0,7% markieren den Patienten als „wahrscheinlich“ tot und sind nicht oder „eher unwahrscheinlich“ mit einer Spende unter allen Spendebedingungen einverstanden. Weitere 0,7% nehmen an, der Patient sei tot oder „wahrscheinlich“ tot und widersprechen einer Organentnahme definitiv oder wahrscheinlich in jedem Unterpunkt.

0,7% der Medizinstudenten beurteilen den Patienten in Szenario 1 als „eher unwahrscheinlich“ tot und erlauben „wahrscheinlich“ eine Organentnahme in dem einen oder anderen Unterpunkt. Im vierten Unterpunkt markieren wiederum 0,7% den Patienten als „eher unwahrscheinlich“ tot und willigen in eine wahrscheinliche Spende ein.

[74]Siehe Tabelle 26.

Von 43,0% wird der Patient in Szenario 1 für tot gehalten. Jene sind mit einer Organentnahme in mindestens einem Unterpunkt einverstanden.

35,6% listen den Patienten als „wahrscheinlich“ tot auf und stimmen „wahrscheinlich“ einer Organentnahme in einem oder mehreren Unterpunkten zu. 0,7% markieren den Patienten in jedem Unterpunkt als definitiv tot und befürworten eine Spende definitiv oder „wahrscheinlich“. Ebenfalls 0,7% nehmen an, der Patient sei „wahrscheinlich“ tot und schließen sich einer definitiven oder wahrscheinlichen Entnahme in allen Unterpunkten an. Insgesamt nennen 1,5% der Befragten den Patienten definitiv oder „wahrscheinlich“ tot und heißen eine Spende in jedem Unterpunkt für definitiv oder „wahrscheinlich“ gut. Im ersten Unterpunkt willigen 31,1% in eine Entnahme bei einem toten Patienten ein und 17,8% sind für eine wahrscheinliche Spende bei einem „wahrscheinlich“ toten Patienten. Im Unterpunkt zwei befürworten 43,0% eine Organentnahme bei einem toten und 3,0% eine wahrscheinliche Spende bei einem „wahrscheinlich“ toten Patienten. Im dritten Unterpunkt nennen 20,7% die beschriebene Person tot und stimmen einer Entnahme zu; 19,3% halten diesen für „wahrscheinlich“ tot und begrüßen eine wahrscheinliche Spende. 28,9% sind definitiv für eine Organentnahme bei einem toten Patienten und 17,8% für eine wahrscheinliche Spende bei einem „wahrscheinlich“ toten Patienten im vierten Unterpunkt. 2,2% klassifizieren den Patienten als „wahrscheinlich“ tot und willigen in eine wahrscheinliche Organentnahme in der fünften Spendebedingung ein. Diese Ergebnisse werden in Tabelle 27 aufgezeigt.

Tabelle 27: Medizinstudenten: Ergebnisse der Unterpunkte bei einer Spende bei einem toten Patienten in Szenario 1

Es kommt zu einer Spende, wenn...	definitiv tot u. definitiv Spende	wahrscheinlich tot u. wahrscheinlich Spende
ein Organspendeausweis mit Einwilligung vorliegt und die Angehörigen nicht erreichbar sind	31,1%	17,8%
ein Organspendeausweis mit Einwilligung vorliegt und die Angehörigen damit einverstanden sind	43,0%	3,0%

ein Organspendeausweis mit Einwilligung vorliegt, aber die Angehörigen nicht einverstanden sind	20,7%	19,3%
kein Organspendeausweis vorliegt, aber die Angehörigen damit einverstanden sind	28,9%	17,8%
kein Organspendeausweis vorliegt, die Angehörigen nicht erreichbar sind, aber ein anderer Patient dringend diese Organe zum Überleben benötigt	0	2,2%
kein Organspendeausweis vorliegt, die Angehörigen nicht einverstanden sind, jedoch ein anderer Patient dringend diese Organe zum Überleben benötigt	0	0
dieser im Vorfeld eine Spende abgelehnt hat, aber ein anderer Patient dringend dessen Organe zum Überleben benötigt	0	0

6.5.3.2 Ergebnisse von Szenario 2 der Medizinstudentengruppe

Im Kontext des zweiten Szenarios wird ein komatöser Patient kenntlich gemacht. 44,4% halten den Patienten für nicht tot und sind in mindestens einem Unterpunkt gegen eine Organspende. Die Darstellung dazu folgt in Tabelle 28.

7,4% stufen die Person als „eher unwahrscheinlich“ tot ein und widersprechen einer wahrscheinlichen Entnahme in dem einen oder anderen Unterpunkt. In allen Unterpunkten wird der Patient von 28,9% als lebend markiert und diese lehnen eine definitive oder wahrscheinliche Spende ab. 8,9% nennen den Patienten als „eher unwahrscheinlich“ tot und geben einer Entnahme definitiv oder wahrscheinlich in jedem der Spendebedingungen nicht statt. Insgesamt listen 37,8% den Patienten als nicht oder „eher unwahrscheinlich“ tot auf und widersprechen definitiv oder wahrscheinlich einer Entnahme in allen Unterpunkten.

5,2% führen den Patienten als tot auf und verweigern in dem einen oder anderen Unterpunkt eine Organentnahme, siehe Tabelle 28.

Tabelle 28: Medizinstudenten: Keine Spende bei lebenden Patienten (jeweils definitiv) in einem der Unterpunkte in Szenario 2 und keine Spende bei toten Patienten (jeweils definitiv) in einem der Unterpunkte in Szenario 2 (in Prozentzahlen)

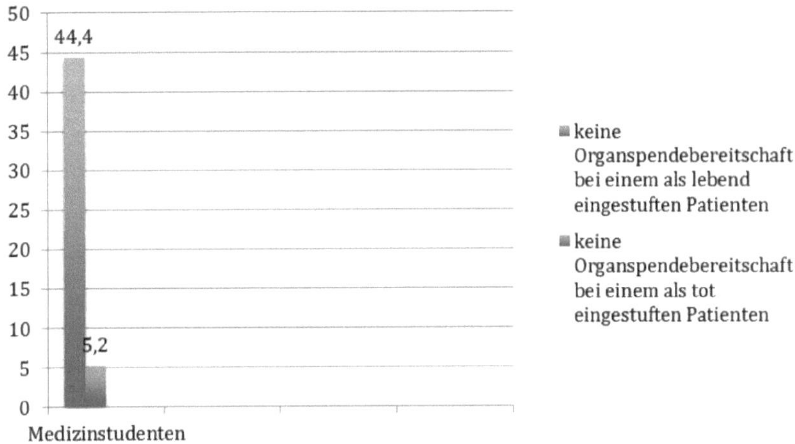

12,6% sehen den Patient als „wahrscheinlich" tot an und sind „eher unwahrscheinlich" für eine Spende ein mindestens einem der Unterpunkte. In allen Unterpunkten kommt es nicht oder „eher unwahrscheinlich" zu einer Freigabe von Organen bei einem als „wahrscheinlich" tot bezeichneten Patienten. Insgesamt halten 4,4% den Patienten für tot oder „wahrscheinlich" tot und missbilligen eine Entnahme absolut oder wahrscheinlich in jedem Unterpunkt.

Die Person im zweiten Szenario wird von 10,4% als lebend angekreuzt. Diese sind mit einer Organentnahme in dem einen oder anderen Unterpunkt einverstanden. 5,9% sagen aus, der Patient sei „eher unwahrscheinlich" tot und stimmen einer wahrscheinlichen Organentnahme in einem oder mehreren Unterpunkten zu. Im ersten Unterpunkt befürworten 3,7% eine Spende bei einem lebenden und 2,2% eine wahrscheinliche Entnahme bei einem wahrscheinlich lebenden Patienten. 8,9% bewilligen eine Spende bei einem nicht toten Patienten und 2,2% eine wahrscheinliche Freigabe von Organen bei einem „eher unwahrscheinlich" toten Patienten im zweiten Unterpunkt. Im Unterpunkt drei markieren 3,0% den Patienten als lebend und erlauben eine

Organentnahme. 0,7% führen die Person als „eher unwahrscheinlich“ tot auf und befürworten „wahrscheinlich“ eine Spende in Unterpunkt drei. Im vierten Unterpunkt betrachten 5,2% den Patienten als nicht tot und stimmen einer Spende zu. 3,7% geben im selbigen Unterpunkt an, der Patient sei wahrscheinlich lebend und sind wahrscheinlich mit einer Organentnahme einverstanden. 0,7% willigen in eine Spende bei einem lebenden Patienten in Unterpunkt sechs ein und ebenfalls 0,7% spenden Organe einer nicht toten Person im siebten Unterpunkt. Diese Prozentzahlen weist Tabelle 29 auf.

Tabelle 29: Medizinstudenten: Ergebnisse der Unterpunkte bei einer Spende bei einem lebenden Patienten in Szenario 2

Es kommt zu einer Spende, wenn...	definitiv lebend u. definitiv Spende	wahrscheinlich lebend u. wahrscheinlich Spende
ein Organspendeausweis mit Einwilligung vorliegt und die Angehörigen nicht erreichbar sind	3,7%	2,2%
ein Organspendeausweis mit Einwilligung vorliegt und die Angehörigen damit einverstanden sind	8,9%	2,2%
ein Organspendeausweis mit Einwilligung vorliegt, aber die Angehörigen nicht einverstanden sind	3,0%	0,7%
kein Organspendeausweis vorliegt, aber die Angehörigen damit einverstanden sind	5,2%	3,7%
kein Organspendeausweis vorliegt, die Angehörigen nicht erreichbar sind, aber ein anderer Patient dringend diese Organe zum Überleben benötigt	0	0
kein Organspendeausweis vorliegt, die Angehörigen nicht einverstanden sind, jedoch ein anderer Patient dringend diese Organe zum Überleben benötigt	0,7%	0
dieser im Vorfeld eine Spende abgelehnt hat, aber ein anderer Patient dringend dessen Organe zum Überleben benötigt	0,7%	0

Es geben 5,2% an, dass der Patient in Szenario zwei tot ist und sie einer Organspende in dem einen oder anderen Unterpunkt zustimmen. 14,8% stufen den Patienten als „wahrscheinlich“ tot ein und sind „wahrscheinlich“ in einem oder mehreren Unterpunkten zu einer Entnahme bereit. Von 0,7% wird der Patient als „wahrscheinlich“ tot klassifiziert und sie willigen in eine Spende absolut oder „wahrscheinlich“ in allen Unterpunkten ein. Insgesamt nennen 0,7% den Patienten tot oder „wahrscheinlich“ tot und erlauben eine Entnahme definitiv oder „wahrscheinlich“ unter jeder Spendebedingung. Im ersten Unterpunkt wird der Patient von 5,2% als tot betrachtet. Jene sind mit einer Organentnahme einverstanden. 7,4% sehen einen „wahrscheinlich“ toten Patienten mit einer wahrscheinlichen Spende bei der ersten Spendebedingung. Von den Befragten markieren 5,2% eine Organentnahme bei einem toten Patienten und weitere 5,2% eine wahrscheinliche Spende bei einem „wahrscheinlich“ Toten in Unterpunkt zwei. Im dritten Unterpunkt erlauben 4,4% eine Entnahme bei einem Toten und 6,7% eine wahrscheinliche Freigabe von Organen bei einem „wahrscheinlich“ toten Patienten. 3,0% befürworten eine Spende bei einem toten Patienten, 8,1% eine wahrscheinliche Entnahme bei einem „wahrscheinlich“ toten Patienten in Unterpunkt vier. Im fünften Unterpunkt willigen 0,7% in eine Freigabe von Organen bei einer als tot markierten Person in Unterpunkt fünf ein. In diesem Unterpunkt sind 2,2% „wahrscheinlich“ mit einer Organentnahme bei einem „wahrscheinlich“ toten Patienten einverstanden. Diese Prozentzahlen zeigt Tabelle 29 auf.

Tabelle 30: Medizinstudenten: Ergebnisse der Unterpunkte bei einer Spende bei einem toten Patienten in Szenario 2

Es kommt zu einer Spende, wenn...	definitiv tot u. definitiv Spende	wahrscheinlich tot u. wahrscheinlich Spende
ein Organspendeausweis mit Einwilligung vorliegt und die Angehörigen nicht erreichbar sind	5,2%	7,4%
ein Organspendeausweis mit Einwilligung vorliegt und die Angehörigen damit einverstanden sind	5,2%	5,2%

ein Organspendeausweis mit Einwilligung vorliegt, aber die Angehörigen nicht einverstanden sind	4,4%	6,7%
kein Organspendeausweis vorliegt, aber die Angehörigen damit einverstanden sind	3,0%	8,1%
kein Organspendeausweis vorliegt, die Angehörigen nicht erreichbar sind, aber ein anderer Patient dringend diese Organe zum Überleben benötigt	0,7%	2,2%
kein Organspendeausweis vorliegt, die Angehörigen nicht einverstanden sind, jedoch ein anderer Patient dringend diese Organe zum Überleben benötigt	0	0
dieser im Vorfeld eine Spende abgelehnt hat, aber ein anderer Patient dringend dessen Organe zum Überleben benötigt	0	0

6.5.3.3 Ergebnisse von Szenario 3 der Medizinstudentengruppe

84,4% der Befragten bezeichnen den Patienten im PVS im dritten Szenario als lebend und sind in dem einen oder anderen Unterpunkt nicht zu einer Freigabe von Organen bereit, siehe Tabelle 31. 3,0% lehnen wahrscheinlich eine Organspende von einem „eher unwahrscheinlich" toten Patienten in einem oder mehreren Unterpunkten ab. In allen Unterpunkten wird von 65,9% der Patient als nicht tot beschrieben. Diese widersprechen einer definitiven oder wahrscheinlichen Entnahme von Organen. 3,7% markieren, die Person sei „eher unwahrscheinlich" tot und verweigern definitiv oder wahrscheinlich eine Spende in jedem Unterpunkt. Insgesamt machen 69,9% kenntlich, dass der Patient nicht oder „eher unwahrscheinlich" tot ist und eine Freigabe von Organen nicht oder „eher unwahrscheinlich" in Frage kommt.

In den einen oder anderen Unterpunkten machen 1,5% kenntlich, dass die Person „wahrscheinlich" tot ist und eine Organentnahme „eher unwahrscheinlich" in Betracht gezogen wird (siehe Tabelle 31).

Tabelle 31: Medizinstudenten: Keine Spende bei lebenden Patienten (jeweils definitiv) in einem der Unterpunkte in Szenario 3 und keine Spende bei toten Patienten (wahrscheinlich/eher unwahrscheinlich) in einem der Unterpunkte in Szenario 3 (in Prozentzahlen)

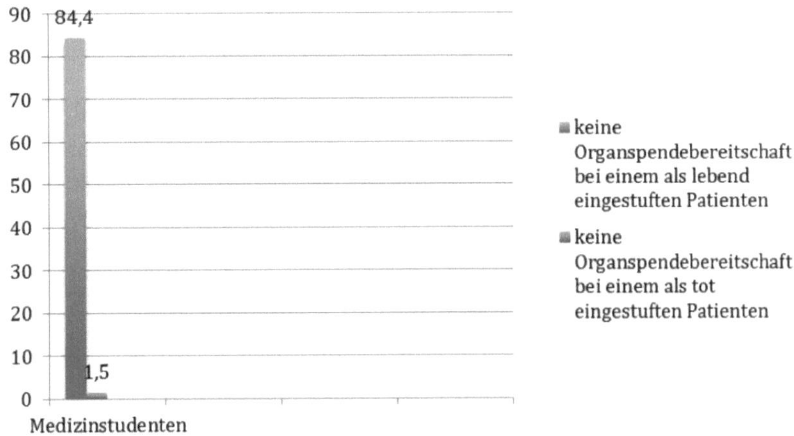

18,5% legen den Patienten in Szenario drei als „wahrscheinlich" tot fest und widersprechen definitiv oder wahrscheinlich einer Spende in allen Unterpunkten. 2,2% nehmen an, der Patient sei absolut oder „wahrscheinlich" tot und stimmen nicht oder „eher unwahrscheinlich" einer Organentnahme in jedem Unterpunkt zu.

10,4% führen die Person als lebend auf und sind mit einer Spende von Organen in einem oder mehreren Unterpunkten einverstanden.

2,2% geben „wahrscheinlich" in mindestens einem Unterpunkt die Organe von einem „eher unwahrscheinlich" toten Patienten zur Spende frei. Im ersten Unterpunkt stimmen 4,4% für eine Entnahme von Organen bei einem lebenden Patienten. Bei Spendebedingung zwei willigen 10,4% in die Spende bei einem lebenden und 0,7% in eine wahrscheinliche Spende bei einem wahrscheinlich lebenden Patienten ein. 4,4% in Unterpunkt drei sind mit einer Entnahme bei einer nicht toten Person einverstanden. Es begrüßen 0,7% eine wahrscheinliche Spende bei einem „eher unwahrscheinlich" toten Patienten in der dritten Spendebedingung. In Unterpunkt vier sind 3,0% mit einer Entnahme bei einer nicht toten und 1,5% mit einer wahrscheinlichen Spende bei einer „eher unwahrscheinlich“ toten Person einverstanden. Die Prozentzahlen werden in Tabelle 32 geschildert.

Tabelle 32: Medizinstudenten: Ergebnisse der Unterpunkte bei einer Spende bei einem lebenden Patienten in Szenario 3

Es kommt zu einer Spende, wenn...	definitiv lebend u. definitiv Spende	wahrscheinlich lebend u. wahrscheinlich Spende
ein Organspendeausweis mit Einwilligung vorliegt und die Angehörigen nicht erreichbar sind	4,4%	0
ein Organspendeausweis mit Einwilligung vorliegt und die Angehörigen damit einverstanden sind	10,4%	0,7%
ein Organspendeausweis mit Einwilligung vorliegt, aber die Angehörigen nicht einverstanden sind	4,4%	0,7%
kein Organspendeausweis vorliegt, aber die Angehörigen damit einverstanden sind	3,0%	1,5%
kein Organspendeausweis vorliegt, die Angehörigen nicht erreichbar sind, aber ein anderer Patient dringend diese Organe zum Überleben benötigt	0	0
kein Organspendeausweis vorliegt, die Angehörigen nicht einverstanden sind, jedoch ein anderer Patient dringend diese Organe zum Überleben benötigt	0,7%	0
dieser im Vorfeld eine Spende abgelehnt hat, aber ein anderer Patient dringend dessen Organe zum Überleben benötigt	0,7%	0

Von 1,5% wird notiert, dass sie den Patienten für „wahrscheinlich“ tot halten und einer Entnahme von Organen in dem einen oder anderen Unterpunkt „wahrscheinlich“ für gut heißen.

Im ersten Unterpunkt wird von 1,5% eine wahrscheinliche Spende bei einem „wahrscheinlich“ toten Patienten befürwortet. Erneut machen 1,5% eine wahrscheinliche Spende bei einer „wahrscheinlich“ toten Person in Unterpunkt zwei kenntlich. Auch bei der dritten Spendebedingung wird eine wahrscheinliche Entnahme bei einem „wahrscheinlich“ toten Patienten gutgeheißen. In Unterpunkt vier geben 0,7% „wahrscheinlich“ die Organe von einer „wahrscheinlich“ toten Person frei. Tabelle 33 stellt eine Zusammenfassung der Ergebnisse vor.

Tabelle 33: Medizinstudenten: Ergebnisse der Unterpunkte bei einer Spende bei einem toten Patienten in Szenario 3

Es kommt zu einer Spende, wenn...	definitiv tot u. definitiv Spende	wahrscheinlich tot u. wahrscheinlich Spende
ein Organspendeausweis mit Einwilligung vorliegt und die Angehörigen nicht erreichbar sind	0	1,5%
ein Organspendeausweis mit Einwilligung vorliegt und die Angehörigen damit einverstanden sind	0	1,5%
ein Organspendeausweis mit Einwilligung vorliegt, aber die Angehörigen nicht einverstanden sind	0	1,5%
kein Organspendeausweis vorliegt, aber die Angehörigen damit einverstanden sind	0	0,7%
kein Organspendeausweis vorliegt, die Angehörigen nicht erreichbar sind, aber ein anderer Patient dringend diese Organe zum Überleben benötigt	0	0
kein Organspendeausweis vorliegt, die Angehörigen nicht einverstanden sind, jedoch ein anderer Patient dringend diese Organe zum Überleben benötigt	0	0
dieser im Vorfeld eine Spende abgelehnt hat, aber ein anderer Patient dringend dessen Organe zum Überleben benötigt	0	0

6.5.3.4 Spendebereitschaftsergebnisse der Medizinstudentengruppe

Niemand der Befragten gibt an, einer definitiven oder wahrscheinlichen Organspende unter jeder Bedingung in jedem Szenario zuzustimmen.

91,9% markieren, dass definitiv und 2,2%, dass „wahrscheinlich“ mindestens eine Freigabe von Organen in mindestens einem Szenario unter mindestens einer Spendebedingung stattfindet.

Es liegt keine definitive oder wahrscheinliche Spendebereitschaft in allen Szenarien in allen Unterpunkten vor.

6.5.4 Szenarienergebnisse der Allgemeinärztegruppe

In diesem Punkt und seinen Unterpunkten werden die Szenarienergebnisse der Allgemeinärztinnen und Allgemeinärzte von Jena aufgelistet.

6.5.4.1 Ergebnisse von Szenario 1 der Allgemeinärztegruppe

Nicht ein einziger der Befragten hält den Patienten in Szenario eins für lebend und ist gegen eine Organspende.

76,9% markieren den Patienten in dem einen oder anderen Unterpunkt als tot und widersprechen einer Entnahme von Organen.

In einem oder mehreren Unterpunkten wird von 23,1% der Patient als „wahrscheinlich“ tot bezeichnet. Diese sind „eher unwahrscheinlich“ zu einer Spende bereit.

Keiner der Befragten hält in irgendeiner Konstellation den Patienten für lebend und ist zu einer Freigabe der Organe bereit.

Von den Befragten kennzeichnen 76,9% die zu beurteilende Person als tot. Jene sind in mindestens einem der Unterpunkte zu einer Organentnahme bereit.

23,1% sagen aus, der Patient sei „wahrscheinlich“ tot und willigen „wahrscheinlich“ in einem der Unterpunkte in eine Spende ein. Im ersten Unterpunkt stufen 30,8% den Patienten als tot ein und erlauben eine Entnahme von Organen. 76,9% sind mit einer Spende bei einem toten Patienten und 7,7% mit einer wahrscheinlichen Spende bei einem „wahrscheinlich“ toten Patienten im zweiten Unterpunkt einverstanden. 15,4% befürworten eine Entnahme bei einer toten Person im Unterpunkt drei. Weitere 15,4% sagen aus, der Patient sei „wahrscheinlich“ tot und willigen im Unterpunkt drei in eine wahrscheinliche Spende ein. Im vierten Unterpunkt geben 53,8% die Organe eines Toten frei. Der Patient wird von 15,4% als „wahrscheinlich“ tot markiert. Jene sind mit einer Organentnahme in der Spendebedingung vier „wahrscheinlich“ einverstanden. Tabelle 34 führt diese Ergebnisse auf.

Tabelle 34: Allgemeinärzte: Ergebnisse der Unterpunkte bei einer Spende bei einem toten Patienten in Szenario 1

Es kommt zu einer Spende, wenn...	definitiv tot u. definitiv Spende	wahrscheinlich tot u. wahrscheinlich Spende
ein Organspendeausweis mit Einwilligung vorliegt und die Angehörigen nicht erreichbar sind	30,8%	0
ein Organspendeausweis mit Einwilligung vorliegt und die Angehörigen damit einverstanden sind	76,9%	7,7%
ein Organspendeausweis mit Einwilligung vorliegt, aber die Angehörigen nicht einverstanden sind	15,4%	15,4%
kein Organspendeausweis vorliegt, aber die Angehörigen damit einverstanden sind	53,8%	15,4%
kein Organspendeausweis vorliegt, die Angehörigen nicht erreichbar sind, aber ein anderer Patient dringend diese Organe zum Überleben benötigt	0	0
kein Organspendeausweis vorliegt, die Angehörigen nicht einverstanden sind, jedoch ein anderer Patient dringend diese Organe zum Überleben benötigt	0	0
dieser im Vorfeld eine Spende abgelehnt hat, aber ein anderer Patient dringend dessen Organe zum Überleben benötigt	0	0

6.5.4.2 Ergebnisse von Szenario 2 der Allgemeinärztegruppe

46,2% führen den komatösen Patienten in Szenario zwei als nicht tot an und lehnen eine Freigabe von Organen in dem einen oder anderen Unterpunkt ab, was Tabelle 34 darstellt.

Ebenfalls 46,2% geben an, die Person sei nicht tot und sind definitiv oder wahrscheinlich gegen eine Organentnahme in allen Unterpunkten zur Spendebedingung. 7,7% stufen den Patienten als „eher unwahrscheinlich“ tot ein und stimmen nicht oder „eher unwahrscheinlich“ einer Spende in jedem Unterpunkt zu. Zusammenfassend klassifizieren 53,8% die Person in Szenario zwei als nicht oder „eher unwahrscheinlich“ tot ein und geben einer Organentnahme nicht oder „eher unwahrscheinlich" statt.

In dem einen oder anderen Unterpunkt markieren 23,1% den Patienten als „wahrscheinlich" tot und sind „eher unwahrscheinlich" für eine Spende von Organen. Tabelle 35 führt dies auf.

Tabelle 35: Allgemeinärzte: Keine Spende bei lebenden Patienten (jeweils definitiv) in einem der Unterpunkte in Szenario 2 und keine Spende bei toten Patienten (wahrscheinlich/eher unwahrscheinlich) in einem der Unterpunkte in Szenario 2 (in Prozentzahlen)

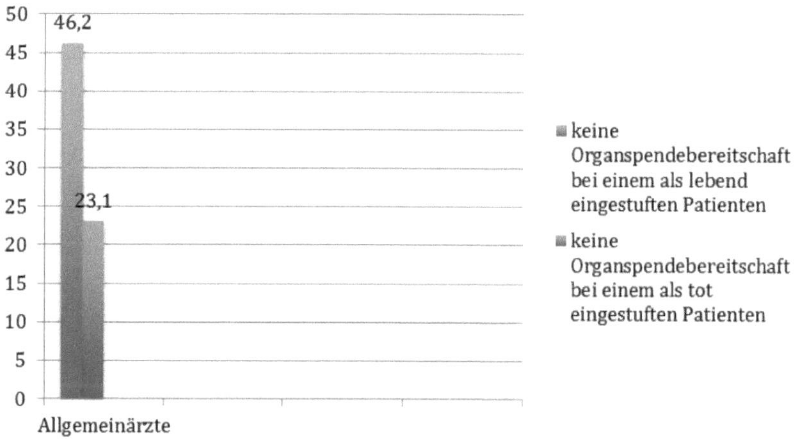

Niemand aus der Befragtengruppe der Allgemeinärzte hält in irgendeiner Zusammensetzung den Patienten in Szenario 2 für lebend und stimmt einer Organspende zu.

23,1% führen auf, dass die Person in Szenario 2 „wahrscheinlich" tot ist und befürwortet in dem einen oder anderen Unterpunkt eine Freigabe von Organen. Im zweiten Unterpunkt sind 15,4% „wahrscheinlich" mit einer Spende bei einem „wahrscheinlich" toten Patienten einverstanden. Erneut 15,4% heißen „wahrscheinlich" eine Entnahme bei einer „wahrscheinlich" toten Person im vierten Unterpunkt gut.

6.5.4.3 Ergebnisse von Szenario 3 der Allgemeinärztegruppe

Im einleitenden Text des dritten und letzten Szenarios wird ein lebender Patient im PVS beschrieben. 92,3% der Befragten nehmen an, der Patient sei nicht tot und lehnen eine Organspende in mindestens einem Unterpunkt ab.

Von 76,9% wird diese Person als lebend angesehen und stimmen nicht oder „eher unwahrscheinlich“ einer Entnahme von Organen in allen Unterpunkten zu. Zusammenfassend geben 76,9% an, der Patient sei nicht oder „eher unwahrscheinlich“ tot und widersprechen definitiv oder wahrscheinlich einer Freigabe von Organen in jedem Unterpunkt.

23,1% markieren die Person als tot und heißen in allen Unterpunkten eine Spende definitiv oder wahrscheinlich für nicht gut. 7,7% halten den Patienten für absolut oder „wahrscheinlich“ tot und lehnen definitiv oder wahrscheinlich eine Freigabe von Organen in jedem Unterpunkt ab.

Nicht ein einziger der Befragten führt in irgendeiner Variation auf, dass die Person in Szenario drei lebendig ist und eine Organspende in Frage kommt.

Des Weiteren macht keiner in einer der geprüften Konstellationen kenntlich, dass der Patient in Szenario drei tot ist und einer Freigabe von Organen in Betracht gezogen wird.

6.5.4.4 Spendebereitschaftsergebnisse der Allgemeinärztegruppe

Keiner der Befragten gibt an, eine definitive oder wahrscheinliche Organspende unter jeder Bedingung und in jedem Szenario abzulehnen.

92,3% geben definitiv und 7,7% wahrscheinlich Organe in mindestens einem Szenario und unter einem Unterpunkt zur Spende frei.

Ebenso gibt es keine definitive oder wahrscheinliche Anzahl von Befragten, welche in allen drei Szenarien unter jeder Bedingung einer Organentnahme zusagen.

6.6 Verletzung der *Dead Donor Rule* durch Spendebereitschaft

In diesem Abschnitt wird in Anlehnung an die Studie von Siminoff et al.[75] aufgezeigt, inwieweit die *Dead Donor Rule*, d.h. ausschließlich die Organe von toten Menschen zu spenden[76] verletzt wird. Es wird folglich dargelegt wie viele Befragte die Organe, eines zuvor als lebend bezeichneten Patienten zur Organentnahme freigeben. Dabei wird die Frage „Ist dieser Patient Ihrer Meinung nach tot?“ der drei Szenarien in Verbindung mit der Spendebereitschaft „Würden Sie die Organe des genannten Patienten entnehmen lassen, wenn. . . “ gesetzt. Zur besseren Übersicht werden die Antwortmöglichkeiten „ja“ und „wahrscheinlich“ zu einer sowie „eher unwahrscheinlich“ und „nein“ zu einer weiteren differenzierten Einheit zusammengefasst.

Nachfolgend wird der Zusammenhang die Organe eines als zuvor lebend klassifizierten Patienten zu spenden mit einer logischen und nicht logischen Beschreibung der persönlichen Todeskriterien[77] untersucht. Jedoch werden Antworten, bei denen der Patient in allen drei Szenarien als tot beschrieben wird, von den logischen persönlichen Todeskriterien ausgeschlossen, da somit die *Dead Donor Rule* nicht verletzt werden kann. Dies wird ebenfalls so in der Studie von *Siminoff* et al. bestimmt[78]. Ebenfalls werden die Verbindungen nicht die Organe eines als lebend gekennzeichneten Patienten zur Spende freizugeben und die logische bzw. nicht logische Todesdefinition[79] dargestellt. Es wird für jede Befragtengruppe pro untersuchtem Ereignis eine neue Variable gebildet. Die Zahlenangabe erfolgt in Anzahl der Befragten und Prozentzahlen.

Zudem wird anhand des *McNemar*-Tests (Signifikanzniveau α=0,05) aufgeführt, ob es signifikante Ergebnisse innerhalb einer Befragtengruppe bei der Fragestellung, die Organe eines als lebend beurteilten Patienten zu spenden und eine nicht logische Definition der persönlichen Todeskriterien anzugeben, gibt. Zudem, ob es eine logische Darstellung der Todeskriterien gibt und die Organe eines als lebend klassifizierten Patienten nicht zur Spende freigegeben werden. Es wird der *McNemar*-Test gewählt, da dieser zwei Merkmale einer

[75] Vgl. *Siminoff* et al., 2325 [2331 f.].
[76] Vgl. *Siminoff* et al., 2325 [2325, 2327].
[77] Siehe 6.3 Verständnis von Todeskriterien.
[78] Vgl. *Siminoff* et al., 2325 [2331 f.].
[79] Siehe 6.3 Verständnis von Todeskriterien.

Population, in diesem Fall einer Befragtengruppe, untersucht[80] und der *Chi-Quadrat*-Test u.a. einen größeren Stichprobenumfang benötigt[81]. Die Zahlenangaben erfolgen jeweils in Anzahl der Befragten und Prozentzahlen.

Von den 157 Befragten aus der Gruppe der Allgemeinbevölkerung sind in Szenario 1 9,6% zu einer Spende von Organen eines als lebend und 81,5% eines als tot gekennzeichneten Patienten bereit. 10,2% geben an, die Organe eines lebenden nicht und 71,3% die eines toten Patienten nicht zu spenden. In Szenario 2 sind 20,4% zu einer Spende eines als lebend und 36,9% eines als tot klassifizierten Patienten bereit. 52,9% lehnen eine Entnahme in diesem Szenario bei einem als lebend bestimmten und 31,2% bei einem als tot bezeichneten Patienten ab. Im dritten Szenario befürworten 21,7% die Spende bei einem lebenden und 14,0% die Spende bei einem toten Patienten. 78,3% enthalten sich der Spende bei einem als lebend und 12,1% bei einem als tot beschriebenen Patienten. Tabelle 36 beschreibt diese Ergebnisse. Es stellt sich ein signifikantes Ergebnis bei der Verbindung von einer nicht logischen Todeskriteriendefinition und der Spende bei einem als lebend bezeichneten Patienten. Weitere Ergebnisse zu logischen bzw. unlogischen Todeskriterien werden in Tabelle 36 dargelegt.

In der Gruppe der Anästhesisten geben 1,2% von insgesamt 82 Befragten an, dass sie die Organe eines als lebend bezeichneten Patienten in Szenario 1 spenden würden. 85,4% geben die Organe eines als tot markierten Patienten in selbigen Szenario frei. 4,9% lehnen eine Entnahme bei einem lebenden und 87,8% bei einem toten Patienten ab. Im zweiten Szenario sind 9,8% bei einem als zuvor lebend und 12,2% bei einem als tot eingestuften Patienten zur Spende bereit. 80,5% sprechen sich gegen eine Spende bei einem lebenden und 13,4% bei einem toten Patienten aus. In Szenario drei kreuzen 3,7% eine Entnahme von Organen bei einem lebenden und erneut 3,7% bei einem toten Patienten an. 92,7% verneinen eine Freigabe von Organen eines lebenden und 1,2% eines toten Patienten in diesem Szenario. Diese Ergebnisse sind in Tabelle 36 einsehbar. Aus der Anästhesistengruppe stellt sich ein signifikanter Zusammenhang von einer nicht logischen Todeskriteriendefinition und einer Organspende eines als lebend klassifizierten Patienten dar. Tabelle 37 listet die Ergebnisse zu den logischen bzw. unlogischen Todeskriterien auf.

[80]Vgl. *Bortz/Lienert/Boehnke*, S. 164.
[81]Vgl. *Bortz/Lienert/Boehnke*, S. 109.

Von den 135 Medizinstudentinnen und -studenten heißen 2,2% eine Spende von Organen bei einem lebenden in Szenario 1 und 94,1% bei einem toten Patienten für gut. 3,0% verweigern eine Spende bei einem lebenden und 93,3% bei einem toten Patienten. In Szenario 2 sind 22,2% für eine Organentnahme bei einem lebenden und 26,7% bei einem toten Patienten. 63,0% widersprechen einer Freigabe von Organen bei einem als lebend und 31,9% bei einem als tot klassifizierten Patienten. Im dritten Szenario sind 18,5% mit einer Entnahme von Organen bei einem lebenden und 18,5% bei einem toten Patienten einverstanden. 91,1% lehnen eine Spende bei einem als lebend und 5,9% bei einem als tot beschriebenen Patienten ab. Tabelle 36 stellt diese Ergebnisse dar. Es stellt sich ein signifikantes Ergebnis bei dem Zusammenhang von nicht logisch dargestellten Todeskriterien und der Spendebereitschaft bei einem lebenden und ebenfalls bei einer Ablehnung einer Spende bei einem toten Patienten und logischen Todeskriterien dar. Tabelle 37 führt die Spendebereitschaft bei einem als lebend klassifizierten Patienten in Verbindung mit logischen bzw. unlogischen Todeskriterien auf.

Zuletzt wird die Gruppe der Allgemeinärzte näher in Augenschein genommen. Von den 13 Allgemeinärzten sind jeweils 100% bereit bzw. nicht bereit zu einer Spende bei einem toten Patienten in Szenario 1 in Hinsicht auf eine Bedingung der neu erstellten Variablen. In Szenario 2 befürworten 30,8% eine Spende bei einem toten, 53,8% verweigern eine Entnahme von Organen bei einem lebenden und 38,5% bei einem toten Patienten. Im letzten Szenario geben 7,7% an, die Organe eines Lebenden und ebenfalls 7,7% sagen aus, die Organe eines Toten zu spenden. 92,3% lehnen eine Freigabe von Organen bei einem lebenden und 7,7% bei einem toten Patienten im dritten Szenario ab. Tabelle 36 zeigt diese Ergebnisse. Es stellen sich keine signifikanten Ergebnisse zu den untersuchten Bereichen dar. Weitere Resultate werden zu den logischen bzw. unlogischen Todeskriterien in Tabelle 37 vorgelegt.

Tabelle 36: Spendebereitschaft bei entsprechender Todesklassifikation

		Patient als lebend bezeichnet	Patient als tot bezeichnet
Allgemeinbevölkerung (n=157)	Szenario 1: hirntot		
	- bereit zur Spende	15 (9,6%)	128 (81,5%)
	- nicht bereit zur Spende	16 (10,2%)	112 (71,3%)
	Szenario 2: komatös		
	- bereit zur Spende	32 (20,4%)	58 (36,9%)
	- nicht bereit zur Spende	83 (52,9%)	49 (31,2%)
	Szenario 3: PVS		
	- bereit zur Spende	34 (21,7%)	22 (14,0%)
	- nicht bereit zur Spende	123 (78,3%)	19 (12,1%)
Anästhesisten (n=82)	Szenario 1: hirntot		
	- bereit zur Spende	1 (1,2%)	70 (85,4%)
	- nicht bereit zur Spende	4 (4,9%)	72 (87,8%)
	Szenario 2: komatös		
	- bereit zur Spende	8 (9,8%)	10 (12,2%)
	- nicht bereit zur Spende	66 (80,5%)	11 (13,4%)
	Szenario 3: PVS		
	- bereit zur Spende	3 (3,7%)	3 (3,7%)
	- nicht bereit zur Spende	76 (92,7%)	1 (1,2%)
Medizinstudenten (n=135)	Szenario 1: hirntot		
	- bereit zur Spende	3 (2,2%)	127 (94,1%)
	- nicht bereit zur Spende	4 (3,0%)	126 (93,3%)

	Szenario 2: komatös		
	- bereit zur Spende	30 (22,2%)	36 (26,7%)
	- nicht bereit zur Spende	85 (63,0%)	43 (31,9%)
	Szenario 3: PVS		
	- bereit zur Spende	25 (18,5%)	25 (18,5%)
	- nicht bereit zur Spende	123 (91,1%)	8 (5,9%)
Allgemeinärzte (n=13)	Szenario 1: hirntot		
	- bereit zur Spende	0	13 (100%)
	- nicht bereit zur Spende	0	13 (100%)
	Szenario 2: komatös		
	- bereit zur Spende	0	4 (30,8%)
	- nicht bereit zur Spende	7 (53,8%)	5 (38,5%)
	Szenario 3: PVS		
	- bereit zur Spende	1 (7,7%)	1 (7,7%)
	- nicht bereit zur Spende	12 (92,3%)	1 (7,7%)

Tabelle 37: Spendebereitschaft bei als lebend klassifizierten Patienten in Verbindung mit logischen bzw. nicht logischen Todeskriterien

	logische Darstellung des Todeskriterium	nicht logische Darstellung des Todeskriterium
Allgemeinbevölkerung (n=157)		
- Spende von Organe eines als zuvor lebend bezeichneten Patienten	48 (30,6%)	12 (7,6%)
- keine Spende von Organe eines als zuvor lebend bezeichneten Patienten	113 (72,0%)	14 (8,9%)
Anästhesisten (n=82)		
- Spende von Organe eines als zuvor lebend bezeichneten Patienten	10 (12,2%)	9 (11,0%)
- keine Spende von Organe eines als zuvor lebend bezeichneten Patienten	74 (90,2%)	65 (79,3%)
Medizinstudenten (n=135)		
- Spende von Organe eines als zuvor lebend bezeichneten Patienten	42 (31,1%)	3 (2,22%)
- keine Spende von Organe eines als zuvor lebend bezeichneten Patienten	116 (85,9%)	4 (3,0%)
Allgemeinärzte (n=13)		
- Spende von Organe eines als zuvor lebend bezeichneten Patienten	1 (9,1%)	nicht berechenbar
- keine Spende von Organe eines als zuvor lebend bezeichneten Patienten	11 (84,6%)	nicht berechenbar

6.7 Widerspruchsregelung

In der letzten Frage des spezifischen Teils des Fragebogens werden die Probanden nach ihrer Meinung zur Widerspruchsregelung befragt. Es folgt eine kurze Erklärung, was die Widerspruchsregel besagt: „In einigen Ländern gibt es eine Widerspruchsregelung zur Organspende. Diese besagt, dass jeder automatisch Organspender ist, solange die Person diese Regelung im Vorfeld nicht explizit abgelehnt bzw. ihr widersprochen hat.“. Anschließend wird die Frage gestellt: „Finden Sie eine solche Regelung gut?“. Es stehen als Antwortmöglichkeiten „ja“, „nein“ und „weiß nicht“ zur Auswahl.

Tabelle 38: Widerspruchsreglung – „Finden Sie eine solche Regelung gut?“ (in Prozentzahlen)

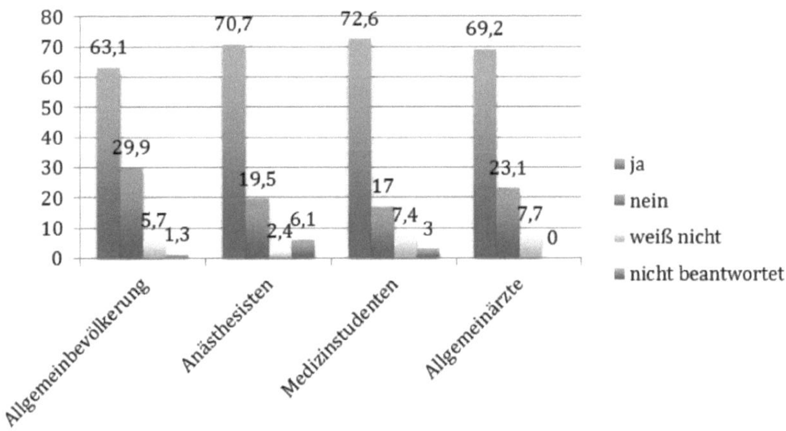

Fast zwei Drittel (63,1%) der Befragten der Allgemeinbevölkerung halten eine Widerspruchsregelung für gut. 29,9% gefällt diese Regelung nicht und 5,7% geben „weiß nicht“ an. Tabelle 38 legt die Ergebnisse dar.

70,7% der an der Befragung teilgenommenen Anästhesisten erachten eine Widerspruchsregelung für gut, 19,5% sind gegenteiliger Meinung, 2,4% markieren „weiß nicht“ und 6,1% beantworten diese Frage nicht, siehe Tabelle 38.

Aus der Gruppe der Medizinstudenten äußern sich 72,6% positiv zur Widerspruchsregelung, 17,0% lehnen diese ab, 7,4% sind unentschlossen und 3,0% enthalten sich der Frage. Tabelle 38 zeigt dies auf.

Den befragten Allgemeinmedizinern gefällt zu 69,2% die Widerspruchsregelung, 23,1% sind entgegengesetzter Meinung. 7,7% kreuzen „weiß nicht“ an. Tabelle 38 schildert die Prozentzahlen.

Wider Erwartens stimmen alle Gruppen mehrheitlich für eine Widerspruchsregelung.

Zusammenfassend lässt sich eine hohe Akzeptanz einer Widerspruchslösung erkennen.

6.8 Beschäftigung mit dem Thema Organtransplantation

In diesem Abschnitt wird dargestellt, wie viele der Teilnehmer sich bereits mit dem Thema Organtransplantation beschäftigt haben. In der letzten Frage des Fragebogens wird die Frage gestellt, ob sich die Befragten schon mit dem genannten Thema befasst haben. Als Antwortmöglichkeiten liegen „sehr oft, oft, ab und zu, selten“ und „nie“ vor.

Von den Befragten der Allgemeinbevölkerung haben sich 5,1% sehr oft, 22,9% oft, 46,5% ab und zu, 20,4% selten und schließlich 5,1% nie mit dem Thema Organtransplantation beschäftigt. Bei den Anästhesisten markieren 18,3% sehr oft, 39,0 oft, 23,2% ab und zu, 12,2% selten und 7,3% geben keine Antwort auf diese Frage. Von den Studenten machen 10,4% sehr oft, 26,7% oft, 48,1% ab und zu, 11,9% selten und 1,5% nie kenntlich. 1,5% enthalten sich. Die Allgemeinmediziner geben mit 7,7% sehr oft, 30,8% oft und 61,5% ab und zu als Antwort an.

Abschließend lässt sich aussagen, dass sich die meisten Menschen über dieses Thema Gedanken gemacht haben. Wie vermutet beschäftigten sich die medizinisch – orientierten Gruppen etwas mehr mit dem Thema als die Gruppe der Allgemeinbevölkerung, allerdings geben sich die Befragten der Allgemeinbevölkerung wider Erwarten deutlich involviert.

7 Diskussion

Anschließend folgen die Diskussionen zu den Ergebnissen der Umfrage und über die Frage der Sinnhaftigkeit einer Widerspruchsreglung vor dem Hintergrund des Prinzips der Menschenwürde.

7.1 Diskussion über die Ergebnisse der Umfrage

Diese Umfrage weist einige Einschränkungen auf. Bei der Erstellung der Umfrage wird vorab kein margin of error erstellt, welcher die Fehlerspanne bei einer statistischen Umfrage darstellt[82], da diese Arbeit nicht als statistische, sondern als ethische Studie geplant wird. Es handelt sich nicht um eine Studie mit Fallzahlenkalkulationen, sondern um eine explorative Umfrage. Um validiertere Resultate zu erhalten, hätte die Studie für mehr Studienteilnehmer ausgelegt werden müssen, was jedoch nicht möglich war. Weiterhin wird bei der Umfrage nur die Region Jena in den Blickpunkt gerückt. In anderen Regionen könnte es durchaus zu anderen Ergebnissen kommen.

Bei den Fragen zu der persönlichen Definition von Tod und Hirntod besteht für die Teilnehmer der Umfrage keine Möglichkeit eine eigene Definition von Tod oder Hirntod in eigenen Worten zu formulieren. Es besteht auch keine Gelegenheit sich zu äußern, warum die Widerspruchsregelung für gut oder schlecht gehalten wird.

Der einleitende Text der Szenarien ist eher kurz gefasst und somit könnten Details, welche von einzelnen Befragten als wichtig erachtet werden, fehlen. Die Szenarien sind lediglich hypothetische Beschreibungen. Bei einer reellen Situation kann es sein, dass sich der ein oder andere Befragte doch ganz anders entscheidet. Zudem steht hierbei auch

[82]Vgl. American Statistical Association, What Is a Survey?

medizinisches Fachpersonal für eine qualifizierte Beratung zur Verfügung. Es besteht keine Möglichkeit für die Teilnehmer, Fragen bzgl. der Szenarien oder der gestellten Fragen zu stellen. Es kann nicht durch Nachfragen herausgefunden werden, ob den Befragten bewusst ist, dass sie gerade die Organe eines als lebend bestimmten Patienten spenden würden.

Jedoch wird im Rahmen der Möglichkeiten versucht, eine Einschätzung der Bevölkerung zum Thema Todeskriterium und Organspenderegelung zu erhalten. Die Fragen sind klar und deutlich und auch für Laien verständlich formuliert. Den Befragten wird genug Zeit zur Beantwortung der Fragen gegeben. Die Mehrheit der Befragten gibt eine medizinisch richtige und logische Definition von Todeskriterien mit Hilfe der Szenarien an: 17,8% der Medizinstudenten, 23,6% der Allgemeinbevölkerung, 38,5% der Allgemeinärzten und 40,2% der Anästhesisten geben logische und medizinisch korrekte Antworten. Bei den Hirntodkriterien markiert der Großteil der Teilnehmer, dass „auf jeden Fall“ ein Mensch mit unwiderruflich erloschener Gesamtfunktion von Großhirn, Kleinhirn und Hirnstamm, hirntot ist. Hingegen 35,4% der Anästhesisten, 37,6% der Allgemeinbevölkerung, 57,0% der Medizinstudenten und 61,5% der Allgemeinärzte markieren, dass ein Mensch, bei dessen Ableitung der Hirnströme keine Gehirnfunktion für mindestens 30 Minuten darstellbar ist, hirntot ist. Weniger als ein Viertel aller Befragten gibt medizinisch korrekte und logische Hirntodkriterien an. Dies zeigt einen deutlichen Aufklärungsbedarf bei den Anästhesisten und Medizinstudenten. Anhand der Szenarien legen 9,6% der Allgemeinbevölkerungs- und ebenfalls 9,6% der Medizinstudenten-, 15,4% der Allgemeinärzte- und 19,5% der Anästhesistengruppe medizinisch korrekt Hirntodkriterien dar. Dies ist durchaus eine geringe Anzahl von Befragten. Bedauerlicherweise sind insgesamt bis zu 22,2% bereit, Organe eines als lebend klassifizierten Patienten zu spenden und dadurch die Dead Donor Rule zu verletzen. Von den Befragten der Allgemeinbevölkerung missachten 9,6% in Szenario 1, 20,4% in Szenario 2 und 21,7% in Szenario 3 diese Regelung. 1,2% der Anästhesisten sind in Szenario 1, 9,8% in Szenario 2 und 3,7% in Szenario 3 bereit eine Spende bei einem Lebenden durchzuführen. Von den Medizinstudenten geben 2,2% in Szenario 1, 22,2% in Szenario 2 und 18,5% in Szenario 3 die Organe eines lebenden Patienten frei. Nur in Szenario 3 geben 7,7% der Allgemeinärzte eine Verletzung der *Dead Donor Rule* preis. Es bestehen signifikante Ergebnisse, dass ein Befragter, welcher nicht logische Todeskriterien bei den Szenarien markiert, bereit ist, die Organe eines von diesem als lebend klassifizierten Patienten zu spenden. Dies liegt bei der Gruppe der Allgemeinbevölkerung, Anästhesisten und Medizinstudenten vor.

Bei der Frage zu den Organspendebedingungen gibt die Mehrheit der Befragten richtige Aussagen an und lässt sich durch einen Patienten, welcher dringend die Organe eines anderen zum Überleben benötigt, nicht verleiten und unter Druck setzen. Auch der Wille des Spenders wird mehrheitlich respektiert.

Die Mehrheit der Befragten hat sich schon mit dem Thema Organspende in der Vergangenheit befasst. Und über 63% aller Befragten halten eine Widerspruchsreglung für gut. Dies zeigt, dass sich die Bürger mit dem Thema Organtransplantation beschäftigen, sich allerdings nicht für einen Spendeausweis motivieren können. Nachdem die Widerspruchsreglung bei den Befragten einen guten Anklang findet, stellt sich die Frage, ob es nicht doch sinnvoll wäre, eine solche Regelung einzuführen. Falls dann ein Mitbürger gegen eine Spende ist, wird dieser eher widersprechen, als dass sich Befürworter einer Organspende bei einer Entscheidungslösung zu einem Spendeausweis bewegen.

7.2 Diskussion über die Frage der Sinnhaftigkeit einer Widerspruchsreglung vor dem Hintergrund des Prinzips der Menschenwürde

In diesem Punkt lehne ich mich sehr an die Publikationen von Herrn Prof. Dr. mult. *Nikolaus Knoepffler* an.

Geht man von dem Prinzip der Menschenwürde aus, zeigt sich folgender Weg auf. Das Prinzip der Menschenwürde bedeutet, dass „alle Menschen (...) frei und gleich an Würde und Rechten“ sind und „Sie (...) mit Vernunft und Gewissen begabt (sind) und (...) einander im Geiste der Geschwisterlichkeit begegnen (sollen)“[83] wie es in den Worten der Menschenrechtserklärung von 1948 verfasst ist und es im deutschen Grundgesetz steht[84]. Damit kommt jedem Menschen eine grundsätzliche Subjektstellung zu, d.h. die Person darf nicht für ein Volk oder sonstige Ziele geopfert werden. Außerdem besagt „das

---

[83] *Knoepffler,* Angewandte Ethik, S. 66.

[84] Vgl. *Knoepffler,* Angewandte Ethik, S. 66.

Prinzip der Menschenwürde ein Prinzip grundsätzlicher Gleichheit aller Menschen“[85], egal welcher Rasse, Hautfarbe, Geschlecht, Intelligenz und Religionszugehörigkeit.

Dieses „Prinzip der Menschenwürde hat universelle Gültigkeit“[86] und ist die Basis des „ethischen Prinzipiengebäudes“[87]. „Menschenwürde, Menschenrechte und die damit verbundenen Werte von Freiheit, Gerechtigkeit und Frieden“[88] haben das Ziel, menschliches Leben zu schützen[89]. Folgend sollen die Menschen so Handeln, dass in ihrem Tun die Menschenwürde aller anerkannt wird[90]. Man verliert die Menschenwürde nur durch den Tod[91] und in diesem Sinne die „Würde der Lebenden im strengeren Sinne von Menschenwürde“[92]. Den Toten wird noch eine Würde im Hinblick als „kontingente soziale Würde“ zugesprochen[93]. Dementsprechend steht allen lebenden Menschen Menschenwürde mit ihren Prinzipien zu. Es stellt sich nun die Frage, wie es in Bezug auf den Tod aussieht. Wie zuvor erwähnt besitzt ein toter Mensch keine Menschenwürde mehr, da ein Toter keinen Subjektstatus mehr besitzt und nur noch die körperlichen Überreste eines Menschen darstellt[94]. Jedoch stehen einem Leichnam „kontingente soziale Würde“[95] und „Persönlichkeitsrechte (...), die sich aus der Menschenwürde (...) ableiten“, zu[96]. Da Toten keine Menschenwürde mehr zugesprochen wird, sollten Leichname für eine postmortale Organspende zur Verfügung stehen. Es wird den Menschen unterstellt, dass sie sich zu ihren Lebzeiten mit dem Thema Organspende auseinandergesetzt hätten und aufgrund von Moral und Solidarität einer Spende zugestimmt hätten. Damit wird ein letztes Mal menschliche Solidarität, durch Rettung oder Verbesserung eines anderen Leben, ausgedrückt[97]. Dadurch entsteht folgender „ethischer Imperativ“[98]: Da lebenden Menschen Menschenwürde zuge-

---

[85] *Knoepffler,* Angewandte Ethik, S. 66.
[86] *Knoepffler,* Angewandte Ethik, S. 70.
[87] *Knoepffler,* Angewandte Ethik, S. 71.
[88] *Knoepffler,* Angewandte Ethik, S. 72.
[89] *Knoepffler,* Angewandte Ethik, S. 72.
[90] *Knoepffler,* Angewandte Ethik, S. 76.
[91] Vgl. *Knoepffler,* Angewandte Ethik, S. 69; vgl. *Knoepffler,* Organtransplantationen, S. 71.
[92] *Knoepffler,* Organtransplantationen, S. 71.
[93] *Knoepffler,* Organtransplantationen, S. 71.
[94] Vgl. *Knoepffler,* Angewandte Ethik, S. 87.
[95] *Knoepffler,* Organtransplantationen, S. 71.
[96] *Knoepffler,* Organtransplantationen, S. 71.
[97] Vgl. *Knoepffler,* Ethische Fragen bei Organtransplantationen, S. 18.
[98] *Knoepffler,* Ethische Fragen bei Organtransplantationen, S. 18.

sprochen wird, Tote aber keinen Menschenwürde mehr besitzen, ihnen aber Moral im Sinne von Solidarität unterstellt wird, sollte es zu einer postmortalen Organspende kommen[99]. Die Ausnahme stellt ein Widerspruch zur postmortalen Organspende in Lebzeiten dar. Hätte zu Lebzeiten ein Mensch einer Spende widersprochen, dann gilt dies zu respektieren[100]. Aufgrund dieser Schlussfolgerung sollte eine solidarische Widerspruchsregelung eingeführt werden. Zudem sollte eine Subsidaritätsklausel in Kraft treten um Lebendspenden zu minimieren, da diese eine Gefährdung der Gesundheit und Einschränkung der Lebensqualität von Lebenden darstellt[101]. Somit können mehr Leben gerettet und in besserer Qualität erhalten werden.

Nun gibt es unterschiedlich differenzierte Hypothesen, wann ein Mensch tot ist. Zum einem gibt es die Teilhirntodhypothese. Hierbei sind „für das Ich – Bewusstsein notwendige Teile des Gehirns“[102] irreversibel zerstört. Bei der Ganzhirntodhypothese sind alle Teile des Gehirns ausgefallen[103]. Bei der Herztodhypothese liegt ein „irreversibler Verlust jeder Herztätigkeit“[104] vor. Des Weiteren kann die „Desintegrationshypothese mit Tod des Organismus bei einem Ausfall jeder vegetativen Selbststeuerung“[105] verstanden werden. Es folgt der „Tod aller Organe“[106], also die „Organtodhypothese“[107] und die „Gewebetodhypothese“[108] mit dem „Tod aller Gewebe“[109]. Zuletzt stellt sich der „Tod aller Zellen“[110] mit der „Zelltod- bzw. Totaltodhypothese“[111] dar. Die Teilhirntodhypothese gestaltet sich insgesamt als schwierige Hypothese, da hierbei von medizinischer Sicht nicht erkennbar ist, wann dieser Zeitpunkt eingetreten ist[112]. Die Ganzhirntodhypothese ist hingegen mittels Hirntoddiagnostik medizinisch anerkannt und erkennbar. Für

---

[99] Vgl. *Knoepffler,* Ethische Fragen bei Organtransplantationen, S. 19.

[100] Vgl. *Knoepffler,* Ethische Fragen bei Organtransplantationen, S. 19; vgl. *Knoepffler,* Angewandte Ethik, S. 228.

[101] Vgl. *Knoepffler,* Angewandte Ethik, S. 229; vgl. *Knoepffler,* Ethische Fragen bei Organtransplantationen, S. 19.

[102] *Knoepffler,* Angewandte Ethik, S. 87.

[103] Vgl. *Knoepffler,* Angewandte Ethik, S. 87.

[104] *Knoepffler,* Angewandte Ethik, S. 87.

[105] *Knoepffler,* Angewandte Ethik, S. 88.

[106] *Knoepffler,* Angewandte Ethik, S. 88.

[107] *Knoepffler,* Angewandte Ethik, S. 88.

[108] *Knoepffler,* Angewandte Ethik, S. 88.

[109] *Knoepffler,* Angewandte Ethik, S. 88.

[110] *Knoepffler,* Angewandte Ethik, S. 88.

[111] *Knoepffler,* Angewandte Ethik, S. 88.

[112] *Knoepffler,* Angewandte Ethik, S. 88.

die Organentnahme ist der Ganzhirntod sehr wichtig, da hierbei das Herz nur noch durch medizinische Unterstützung schlagen und somit der Kreislauf zur Durchblutung der Organe aufrechterhalten werden kann[113]. Wenn eine Person an der Ganzhirntodhypothese zweifelt, aber einer Organspende bei einem solchen Patienten zustimmt, vertritt diese eine Lebendspende[114] zu „altruistischen Zwecken“[115].

Kritiker merken an, dass der Hirntod am „Anfang des Sterbens“[116] liegt und für gewöhnlich der Tod am Ende des Sterbens stattfindet[117]. Die Person wird erst begraben, „wenn er gestorben war“[118]. Es wird angezweifelt, ob „Hirntote noch Sterbende sind; sterbende Menschen sind aber lebende Menschen“[119]. Nachdem der Grundsatz der Solidarität gilt, wird auch den schwachen Menschen in unserer Gesellschaft diese zugesprochen[120]. Nun wird angemerkt, dass dieser Grundsatz in der heutigen Zeit schwindet und „nach den utilitaristischen Ethikansätzen (. . .) derjenige Schutz (erhält), der (...) die größten Überlebenschancen“[121] besitzt. Schwächere Menschen, wie ein sterbender, erhalten weniger Schutz[122]. Ebenfalls wird kritisiert, dass ein Mensch, der noch minimale Integrationsleistung als Einheit des Organismus besitzt, nicht tot ist[123]. Jedoch kann man als Gegenargument anbringen, dass ein Hirntoter nur noch mit Hilfe von intensivmedizinischer Unterstützung einen Kreislauf besitzt. Natürlich kann man sich die Frage nach der Seele des Menschen stellen: Wann besitzt ein Mensch noch seine Seele? Besitzt ein Hirntoter eine Seele? Wird die Seele zum Leben benötigt? Meiner Meinung nach stellt das eine kontroverse religiöse Problematik dar, mit der Fragestellung: Wann beginnt das Leben und wann hört es auf? Zum Tod kann man sagen, dass er mit dem Erliegen der Körperfunktionen eintritt. Der Herzschlag kann wiederbelebt werden, aber das Gehirn nicht. Wenn es einmal defekt ist, regeneriert es sich nicht mehr, die Zellen sind zerstört. Also ist nachvollziehbar, wenn das Gehirn vollständig defekt ist, besteht keine Hoffnung auf eine

[113]Vgl. *Knoepffler,* Angewandte Ethik, S. 89.
[114]Vgl. *Knoepffler,* Angewandte Ethik, S. 89 f.
[115]*Knoepffler*, Angewandte Ethik, S. 90.
[116]*Schwendemann/Stahlmann*, S. 110.
[117]Vgl. *Schwendemann/Stahlmann*, S. 110.
[118]*Schwendemann/Stahlmann*, S. 110.
[119]*Schwendemann/Stahlmann*, S. 110.
[120]Vgl. *Schwendemann/Stahlmann*, S. 111.
[121]*Schwendemann/Stahlmann*, S. 111.
[122]Vgl. *Schwendemann/Stahlmann*, S. 111.
[123]Vgl. *Schwendemann/Stahlmann*, S. 111.

Wiederherstellung. Man lebt nicht mehr. Daher denke ich, dass dies der Zeitpunkt ist, an dem das Leben endet. In der Religion wäre dieser Moment wohl der Verlust der Seele.

Zudem wird kritisch angemerkt, ob es richtig ist, die Menschen mittels Widerspruchslösung zu zwingen, sich mit dem Thema des eigenen Todes zu beschäftigen. Man sollte sich in seinem Leben bewusst sein, dass das Leben eines Tages vorüber ist, aber es soll niemand gezwungen werden, sich aufgrund von rechtlichen Regelungen und der Solidaritätspflicht mit dem Thema auseinanderzusetzen[124]. Dies gehört zu den „höchst persönlichen Rechten jedes Menschen“[125]. „Es kann daher nicht zur Pflicht gemacht werden – auch nicht moralisch – sich für oder gegen Organspende entscheiden zu müssen.“[126].

Persönlich schließe ich mich der Meinung an, dass ein toter Mensch keinen Subjektstatus und damit keine Menschenwürde mehr besitzt. Falls zu Lebzeiten einer Organspende nicht widersprochen wurde, sollten die Organe von Toten zur Spende freigegeben werden. Meiner Meinung nach bietet sich zur Umsetzung in diesem Fall die Widerspruchsreglung an. Zudem stimmt die Mehrheit der Befragten aus der Bevölkerung und auch insgesamt der Befragten dieser Regelung zu.

[124] Vgl. *Knoepffler,* Ethische Fragen bei Organtransplantationen, S. 39.
[125] *Schwendemann/Stahlmann,* S. 116.
[126] *Schwendemann/Stahlmann,* S. 116.

8 Schlussfolgerung

Obwohl durchaus mehrheitlich medizinisch korrekte und richtige Felder markiert werden, verletzen doch einige der Befragten die *Dead Donor Rule*. Die Signifikanz der Kombination einer nicht logischen Definition von Todeskriterien und einer Spende bei einem als lebenden klassifizierten Patienten ist hierbei von besonderer Bedeutung. Diese Befragten sind sich nicht sicher, wann ein Mensch tot ist und machen daraufhin nicht logische Aussagen. Es mangelt ihnen definitiv an Wissen in diesem Bereich. Zu diesen Befragten gehören Teilnehmer der Gruppe der Allgemeinbevölkerung und besonders gravierend Anästhesisten und Medizinstudenten. Es stellt sich die Frage, ob die Teilnehmer der Umfrage fehlinformiert sind, ob sie aufgrund der Fragen verunsichert sind oder ob sie dem Thema Todeskriterium und Organspenderegelung mit einem gewissen Desinteresse gegenüber stehen. Diese Punkte könnten zu einem Fehlverhalten führen. Zudem könnte es zu einer Organspende bei einem Lebenden kommen, was eine der größten Bedenken bzw. Ängste vieler Menschen in Bezug auf die postmortale Organspende ist. Weiterhin sollten mehr Informationen und Aufklärungen zu den genannten Themen, gerade auch bei Medizinstudenten und Ärzten, stattfinden. Auch eine breitere bzw. nachhaltigere öffentliche Diskussion könnte durchaus die Aufmerksamkeit der Menschen fördern.

Aus dem Blickpunkt der Menschwürde eines Lebenden und den Persönlichkeitsrechten eines Toten, ist eine postmortale Organspende bei unterstellter Solidarität ein ethischer Imperativ. Mit der Einführung der Widerspruchsregelung in Deutschland kann dies durchaus umgesetzt werden. Über die Hälfte der Befragten finden eine solche Widerspruchsregelung gut. Trotzdem bleibt es offen, ob sich die Widerspruchsregelung in Deutschland als neue Regelung mit entsprechender gesetzlicher Rechtsgrundlage überhaupt bzw. in absehbarer Zeit, durchsetzen kann, da das Selbstbestimmungsrecht der einzelnen Personen in Deutschland stark im Vordergrund steht. Das Selbstbestimmungsrecht ist ein höherrangiges Rechtsgut jeder Einzelperson. Persönliche Entscheidungen sind aufgrund der Rechtslage vorranging und zu berücksichtigen[127].

Insgesamt sollte mehr Werbung für Organspende gemacht werden, z.B. im Fernsehen, Rundfunk und mittels Plakaten. Durch eine Stellungnahme der Bürger beim Erhalt des Führerscheins oder Personalausweises, könnten mehr Spender gefunden und die Mitbürger immer wieder aufgerüttelt werden, sich mit dem Thema Tod und Organspende zu beschäftigen. Auch sollte die Bevölkerung sowie die Medizinstudenten und Ärzte mehr über die Widerspruchsregelung wie auch über den Hirntot informiert werden.

[127]Vgl. *Creifelds*/Guntz, S. 1008.

Literaturverzeichnis

American Statistical Association, What Is a Survey?, abrufbar unter: http://www.computing.dcu.ie/jhorgan/margin.pdf (abgerufen am 27.4.2014)

Bortz J., Lienert, G., Boehnke K.: Verteilungsfreie Methoden in der Biostatistik, 3 Aufl., Berlin 2008

Creifelds C., Guntz, D.: Rechtswörterbuch, 5. Aufl., München 1978

dapd Nachrichtenagentur: Organspende: So funktioniert die Organvergabe in Deutschland, Spiegel Online 2014, abrufbar unter: http://www.spiegel.de/gesundheit/diagnose/fragen-und-antworten-zur-organvergabe-in-deutschland-a-904160.html (abgerufen am 30.3.2014)

Deutsche Stiftung Organtransplantation (DSO), Organspende und Transplantation in Deutschland, Jahresbericht 2014, abrufbar unter: http://www.dso.de/uploads/tx_dsodl/JB_2014_Web_1.pdf (abgerufen am 9.3.2014)

Eurotransplant, History, abrufbar unter: http://www.eurotransplant.org/cms/index.php?page=history (abgerufen am 30.3.2014)

Eurotransplant, Über Eurotransplant, abrufbar unter: http://www.eurotransplant.org/cms/index.php?page=pat_germany (abgerufen am 30.3.2014)

Gleixner C., Müller M., Wirth S.: Neurologie und Psychiatrie für Studium und Praxis. 8 Aufl., Breisach 2011/12.

Hahn J-M.: Checkliste Innere Medizin, 7. Aufl., Stuttgart 2013

Herold G.: Innere Medizin, Eigenverlag 2013

Knoepffler N.: Organtransplantationen. Heteronome Effekte in der Meidzin, Leipzig 2000

Knoepffler N.: Ethische Fragen bei Organtransplantationen, in: D. Preuß, N. Knoepffler und K.-M. Kodalle (Hrsg.): Körperteile- Körper teilen?, 1. Aufl., Würzburg 2009

Knoepffler N.: Angewandte Ethik, 1. Aufl., Köln 2010

Le Ker H.: Offener Brief an Bundesärztekammer: Mediziner fordern strengere Richtlinien für Hirntoddiagnose, Spiegel Online 2014, abrufbar unter: `http://www.spiegel.de/gesundheit/diagnose/hirntod-aerzte-fordern-strengere-richtlinien-von-bundesaerztekammer-a-960716.html` (abgerufen am 30.3.2014)

Poeck K., Hacke W.: Neurologie, 10. Aufl., Berlin 1998

Schütz H.: Leben, Tod und Korruption, Stern 2014, abrufbar unter: `http://www.stern.de/politik/deutschland/organspende-skandal-in-leipzig-leben-tod-und-korruption-1949480.html` (abgerufen am 6.1.2014)

Schwendemann W., Stahlmann M.: Ethik für das leben, Stuttgart 2001

Siminoff L.A., Burant, Christopher, Youngner, Stuart J.: Death and organ procurement: Public beliefs and attitudes, Social Sciences & Medicine 59 (2004), S. 2325-2334

Simon N.: Organspendeausweis: Wie entscheiden Sie sich?, abrufbar unter: `http://www.wissen.de/organspendeausweis` (abgerufen am 6.1.2014)

Staudinger M.: Verspieltes Vertrauen, SZ 2013, abrufbar unter: http://www.sueddeutsche.de/gesundheit/organspende-skandal-verspieltes-vertrauen-1.1619134 (abgerufen am 6.1.2014)

Steinmann K.: Hippokrates der Eid des Arztes, Berlin 1996

Uhlmann F.: Grundgesetz. Vom Provisorium zur erfolgreichen Konstante, abrufbar unter: http://www.infoseiten.slpb.de/geschichte/deutschland/1945-1949/grundgesetz-und-gruendung-der-bundesrepublik (abgerufen am 3.10.2014)

Weber, N.: Transplantationen: Zahl der Organspenden weiter eingebrochen, Spiegel Online 2014, abrufbar unter: http://www.spiegel.de/gesundheit/diagnose/transplantationen-zahl-der-organspenden-weiter-eingebrochen-a-943628.html (abgerufen am 15.1.2014)

Studien und Materialien zur praktischen Philosophie
Studies and Materials on Practical Philosophy

Herausgegeben von
Professor Dr. mult. Nikolaus Knoepffler
und Dipl.-Jur. Sebastian C. Dewaldt

Bereits erschienen:

Band 1:
Nikolaus Knoepffler / Wolfgang Lienemann / Johannes Seidel, Verantwortungsvoller Umgang mit Embryonen, 2014,
102 Seiten, Preis: 19,99 €, ISBN 978-3-944420-19-6

Band 2:
Friedrich Gabel, Chancen und Probleme moderner Biotechnologie. Forschungsbericht über Biomarkerbasierte klinische Studien, 2014,
147 Seiten, Preis: 19,99 €, ISBN 978-3-944420-24-0

Band 3:
Christoph Steinhauser / Andreas Schmid / Steffen Schmidt, Ökonomie und Gerechtigkeit im Gesundheitswesen, 2015,
127 Seiten, Preis: 19,99 €, ISBN 978-3-944420-28-8

Band 4:
Anna Pröhle, Organspende und Journalisten. Einstellungen und Kenntnisstand in Deutschland tätiger Publizisten zu Hirntod und ausgewählten Aspekten der postmortalen Organgabe. Eine deskriptiv-medizinethische Untersuchung, 2015,
260 Seiten, Preis: 24,99 €, ISBN 978-3-944420-34-9

FSC
www.fsc.org
MIX
Papier aus verantwortungsvollen Quellen
Paper from responsible sources
FSC® C105338